浙江省哲学社会科学规划课题研究成果
"一带一路"共同体金融构建研究（18NDJC223YB）

国际金融体系改革与"一带一路"

李鞍钢·著

THE REFORM OF INTERNATIONAL FINANCIAL SYSTEM AND
THE BELT AND ROAD INITIATIVE

时事出版社
北京

序　言

时光列车已经驶入2018年，1月的瑞士小镇达沃斯新一届主题为"在分化的世界中打造共同命运"的世界经济论坛刚刚落幕，吸引了全世界的目光。就在一年前，中国国家主席习近平参加了在这里举办的2017世界经济论坛，并发表了题为《共担时代责任　共促全球发展》的主旨演讲。他倡导人类命运共同体的建设，并指出世界经济陷入困境的原因之一，是由于全球金融市场需要增强抗风险能力，而全球金融治理机制未能适应新需求，难以有效化解国际金融市场频繁动荡、资产泡沫积聚等问题。可见，国际金融治理机制的改革和全球金融市场的完善已经刻不容缓。

改革开放以来，中国的经济和金融迅速发展，工业化和城镇化加速推进，在国际分工中的地位越来越重要，对国际金融治理的热情呈总体上升态势。尤其在2008年全球金融危机爆发后，中国在经济领域的一枝独秀让世人惊呼：中国世纪已经来临。2018年世界经济论坛主题的选择，更加体现了与构建人类命运共同体的中国理念的同频共振，中国正以前所未有的姿态向世界经济的中心靠近。

中国的崛起是新兴经济体群体性崛起的缩影，也是新型全球化时代来临前的预兆。近年来，新兴经济体的群体性崛起所引发的全球经济（金融）力量格局的变化，已经对国际金融权力结构产生深远影响，尤其是南北结构性矛盾逐渐还原国际金融体系的改革进程，确切地说是国际金融权力再分配的方案选择。对于国际社会而言，接受怎样的方案，如何实施该方案，实施的效果如何已经是摆在台面上的议题。鉴于二战以来，苏联、欧洲和日本，以及部分发展中国家集团有限的改革成就，发展中国家，尤其是新兴经济体如何实现改革效益的最大化尤其值得关注。

以现在的眼光来看，金砖国家在2008年金融危机发生后的救市努力可圈可点，他们所主张的国际金融体系改革也取得了突出成绩。无论是世界银行亦或国际货币基金组织的改革方案，无论是二十国集团治理模式还是各类区域金融组织的出现，都表明金砖国家的改革主张一定程度上获得了国际社会的认可。但是，目前金融危机的余波仍在继续，由其引发的反全球化浪潮对金砖国家，甚至所有支持全球化的发展中国家均产生深远影响，金砖国家的改革面临后继乏力的困境。如何抑制反全球化浪潮，并继续推进国际金融体系改革迈向新型全球化秩序则成为下一阶段的努力重点。

目前学界对国际金融体系改革和全球金融治理的研究似已汗牛充栋；对"共同体"和"一带一路"倡议的理论研讨和实践亦取得诸多成就。但是，以构建"一带一路"共同体金融为切入点来探讨国际金融体系改革的研究却相当有限。作者李鞍钢长期追踪全球金融治理和国家发展战略的系统思考，尤其将国际金融体系改革、共同体理论和"一带一路"等国家重点关注议题紧密联系，并以专著的形式呈现给读者，难能可贵。他的著作《国际金融体系改革与"一带一路"》也恰好为此问题的研究增添了新的内容。

通读下来，感觉这部著作无论从研究框架，还是内容方面都颇有新意。

首先，从研究思路和行文逻辑来看，全书核心分为三大部分，第一部分为理论建构，作者对现实建构主义这一相对小众的理论进行了深度解读，从理论层面确认现实建构主义对国际金融体系演变的解释力，为本书后续内容的写作奠定了扎实的理论基础。第二部分以现实建构主义的研究视角重新解读了1944—2006年的国际金融体系三个阶段的演变历史，从而论证国家集团的博弈才是推动国际金融体系改革的根本动力。第三部分以金砖国家的改革经历结合组织惯性理论说明：单纯依靠新兴经济体无法根本推动国际金融体系改革，而基于"一带一路"构建的"一带一路"共同体金融（即金融体系）是新时期改革主体力量衰退背景下的重要补充，并相应地提出了建设建议。理论功力可觑，联系紧密实际。

其次，结合"一带一路"和"人类命运共同体"的相关理论，为国际金融体制改革问题提供新视角。本书对"一带一路"引领国际金融权力格局和全球金融治理的作用持肯定态度，对金融推动"一带一路"建设、塑造人类命运共同体的能力持积极肯定。在此基础上，进一步延伸并发展了两大倡议。金砖国家合作机制为中国的"共同体"系列理论提供了现实典范，"一带一路"倡议则为"共同体"理论的高级阶段"人类命运共同体"提供了实践的舞台。这既是中国对世界经济发展和金融制度完善开出的"新药方"，也是中国一直身体力行，为国际社会积极贡献的"公共产品"。

第三，为后危机时代的全球金融治理，提供了新的思路和发展方向。随着国际金融体系改革的深入，以及反全球化浪潮的加剧，国际金融旧秩序的崩塌已可预见。作为中国参与全球金融治理，乃至构建国际经济新秩序的国家方案，"一带一路"所展现的旺盛活力和业已取得的成就表明其已符合国际金融体系外部竞争者的条件。同时，以"共同体金融"（即"金融体系"）的形式，联合金砖国家集团参与全球金融治理的模式，可以为长期陷入停滞的国际金融体系改革和全球化进程提供新的路径。

构建人类命运共同体的理念，源于中国，属于世界，是中国与世界的交响协奏。然而,由于国际社会的复杂性和国家之间的差异性,其建设过程必然是长期和艰辛的,对于其中存在的各方面问题的研究也注定是长期和艰巨的,希望鞍钢在原有的基础上继续砥砺前行,并取得更多的更具价值的研究成果。

刘长敏

(中国政法大学中国周边安全研究中心主任、教授、博士生导师)

目　录

绪论 …………………………………………………………（1）
 第一节　问题的提出及研究的意义 ……………………（1）
  一、问题的提出 ………………………………………（1）
  二、研究的意义 ………………………………………（5）
 第二节　研究现状 ………………………………………（6）
  一、关于金融权力的研究现状 ………………………（6）
  二、关于金融体系改革的研究现状 …………………（13）
 第三节　研究思路、研究方法及创新点 ………………（21）
  一、研究思路 …………………………………………（21）
  二、研究方法 …………………………………………（22）
  三、创新点 ……………………………………………（23）

第一章　现实建构主义视域中的国际金融体系演变 ……（24）
 第一节　什么是现实建构主义理论 ……………………（24）
  一、现实主义与建构主义间具有理论通约性 ………（25）
  二、现实建构主义是"权力政治的社会建构" ………（26）
  三、现实建构主义的理论共识 ………………………（27）
 第二节　权力与认同的关系问题 ………………………（29）
 第三节　群体性认同与国家集团 ………………………（32）
 第四节　国际金融体系的现实建构主义理论适用分析 ……………………………………………（37）

一、理论适用依据……………………………………（37）
　　二、理论适用前提:权力政治的不可超越……………（39）
　　三、国际金融体系中国家的行为逻辑…………………（42）
第五节　国际金融体系改革的阻力:组织惯性…………（45）
　　一、组织惯性的概念及影响……………………………（45）
　　二、国际金融体系中的组织惯性………………………（48）
　　三、组织惯性对国际金融体系演变的启示……………（50）

第二章　战后国际金融体系演变的历史进程…………（52）
第一节　国际金融体系及阶段性研究……………………（52）
　　一、国际金融体系的内涵………………………………（52）
　　二、主流的阶段划分方案………………………………（53）
　　三、本书的阶段划分方案………………………………（57）
第二节　"黄金美元"阶段（1944—1971）………………（58）
　　一、战后国际金融局势…………………………………（58）
　　二、战后国际金融两极格局的形成……………………（62）
　　三、两极霸权下的双金融体系格局……………………（68）
第三节　"石油美元"阶段（1973—1993）………………（86）
　　一、"石油危机"下的国际金融…………………………（86）
　　二、美苏认同危机与"石油美元"制度的建立…………（90）
第四节　"全球金融"阶段（1993—2006）………………（98）
　　一、苏联解体的原因及其对国际金融的意义…………（98）
　　二、苏联解体后的"全球金融"体系……………………（107）
　　三、"全球金融"阶段的权力斗争………………………（110）
第五节　战后国际金融体系演变的规律分析……………（122）
　　一、战后国际金融体系的现实建构主义分析…………（123）
　　二、观念与认同是国际金融权力结构改革的核心
　　　　要素……………………………………………………（125）
　　三、演变方向是特定国际环境下的权力合力结果……（128）

第三章 国际金融体系改革与发展中国家 (131)
第一节 既存国际金融体系与金砖国家 (131)
一、美国金融危机与既存国际金融体系缺陷 (132)
二、金砖国家改革主体地位的确立 (137)
第二节 国际金融体系改革的阻力及应对思路 (148)
一、国际金融体系改革的阻力分析 (149)
二、国际金融体系改革的对策思路 (151)
第三节 新时期的国际金融体系改革主体构建 (153)
一、新时期的改革主体探寻 (153)
二、共同体金融的权力合力："金砖+"与"一带一路" (162)
三、强化"金砖+"与"一带一路"的认同 (167)
第四节 中国建设"一带一路"的建议 (177)
一、中国参与改革的策略选择 (177)
二、当前"一带一路"的主要工作 (180)

结论 (188)

参考文献 (193)

后记 (209)

绪　　论

第一节　问题的提出及研究的意义

一、问题的提出

2008年爆发的美国金融危机席卷全球，严重影响到了各国经济的健康发展，从华尔街到全世界，从虚拟经济到实体经济，从经济环境到政治环境，全世界再一次陷入恐慌中，新兴经济体蓦然发现，强大的经济并不意味着自身能在国际金融体系中取得应有利益，甚至不能保证自己在金融危机中减少伤害。而且，旧的国际金融体系已经无法保证国际金融健康有序的发展要求，无法有效保障各国的经济和金融利益，改革国际金融体系的呼声也因此甚嚣尘上，关于国际金融体系是否能步入新阶段成为学界关心的问题。

国际政治体系是指国家行为体基于互动行为形成的具有权力关系与层次结构的国际社会统一体，而基于国际政治体系模型建构的国际金融体系也是如此。现实主义者认为，当国际金融体系的结构处于相对稳定状态时，国家行为体基于相互间的实力变化而调整内政外交政策，以期保障或提高自身在体系层次中的层级并使其结构化。而建构主义者则认为，国家行为体的对外政策是基于其在体系结构中的身份认同而调整的。本书认为，国家行为体的对外政策偏好并非单纯地基于物质结构或观念结构调整，而是在物质结构和观念结构的共同作用下动态调整的。确切地说，国际金融行为体的对外政策是国际金融体系权力分配与认同分配的产物。基于此，本书引入现实建构主义理论作为国际金融体系变迁研究的理论分析视角，通过研究二战以来国际金融体系前三个阶段的演变进程，以及主要国家行为体的对外行为与金融体系演变之间的关系，从中找出演变的规律与相关国家的经验教训，解释并分析金砖国家改革国际金融体系的行动逻辑和改革经验，并在此基础上为"一带一路"倡议推动改革的路径和全球金融治理中的中国担当提供建议。

  基于研究需要，本书需要对金融权力做进一步解释。在国际政治经济学著作《国家与市场》中，苏珊·斯特兰奇（Susan Strange）将经济权力分为两个部分：联系性权力与结构性权力，本书认为，经济权力的划分方式也适用于金融权力，与之相对应的就是传统金融权力和体系权力。适用理由有二：一是金融研究作为经济研究的派生领域，许多研究方法和成果具有相似性和同根性，学术界也有许多理论借鉴的先例；二是结构性权力和联系性权力的含义和特征与国际金融体系中的传统金融权力和体系权力有很强的相似性和对照性。所谓"联系性权力就是甲靠权力使乙去做他本来不愿意做的事"，而"结构性权力就是决定办事方法的权力，就是构造国与国之间关系、国家与人民之间关系或国家与公司企业之间关系框架的权力"[①]。每个国家都同时具备联系性权力和结构性权力。在国际金融体系中，一国的联系性金融权力（即传统意义上的金融权力）一般来源于其金融实力，而结

[①] ［英］苏珊·斯特兰奇著，杨宇光等译：《国家与市场》，上海人民出版社，2012年版，第21页。

构性权力则基于其在权力体系中的结构位置和同盟实力，即其权力来源于国际金融体系。①

本书认为，当将金融权力置于国际金融体系的改革进程中时，金融权力必然存在联系性权力与结构性权力之分。前文已经提到联系性权力主要来自国家的经济实力，在国际金融中表现为金融权力，而结构性权力则来自于国际金融体系，在国际金融中主要表现为（国际金融）体系权力。确切地说，是金融权力在国际金融体系中的份额与投票权，是国家通过体系制度实现的本国金融权力的延伸。从根本上看，体系权力实际是国际金融体系让渡自体系成员国的金融权力，经过制度性整合、放大和再分配所取得的结果，本质上也属于金融权力的范畴。对于国际金融体系而言，衍生于国家经济实力的金融权力必然伴随金融主权，这并非国际金融体系所要改革的内容，而为体系制度重新规范的体系权力则成为国际金融体系的改革对象。因此，国际金融体系多数成员国经济实力（金融权力）的改变势必且理应引起体系权力的再分配，即权力结构的改变。这是国际金融体系改革的必然性，也是改革的依据。

为了研究需要，本书所探讨的金融权力主要是指国际金融体系框架下的结构性权力。本书假设国际金融体系本身就是整个体系所有结构性权力拥有者，或权力支配机构，其对一国权力的授予或剥夺都会造成一国结构性权力的改变。而一国结构性权力的改变势必影响该国的金融权力，致使其在国际金融格局中处于优势或劣势地位，影响该国金融安全与发展。事实上，新兴经济体在与发达国家的金融交往中发现，强大的经济实力并不意味着强大的金融权力。新兴经济体因

---

① 一国的结构性权力还可能来自于其所在区域权力体系，来自于与其他国家的合作。本书主要探讨国际金融体系的结构性权力。

为联系性权力与结构性权力的强烈不对等，使其在国际金融交往过程中始终处于弱势，不仅国家金融安全得不到保障，在发展相同或者类似金融业务时，往往需要付出比发达国家更高的代价，而且结果往往并未达到预期。究其原因，就是权力体系剥夺了本该属于它们的权力。因此，一国对于国际金融体系改革的首要诉求就是通过改革使其结构性权力得到最大化的提升，或者减少提升渠道的制度性障碍。

新兴经济体是国际金融体系的重要成员国，但是相对于G7成员国等体系核心国家来说，新兴经济体一直处于权力结构的边缘，即便在二十国集团内部的新兴经济体，依旧属于权力结构的边缘国，致使他们在国际金融交往中一直处于不利地位。因此，新兴经济体有强烈的改革国际金融体系的动机，尤其是在后危机时代的反全球化浪潮中，新兴经济体的发展遭遇严重考验，而且这种危机正从经济金融领域蔓延到政治、军事和人文领域。为此，以金砖国家为代表的新兴经济体借全球金融危机的改革契机，推动了一系列改革动议，希望借此最大程度地获取国际金融体系的结构性权力。而中国倡导的"一带一路"则为更多的国家参与改革进程提供了平台。

本书想要解决的问题是，在国际金融体系的阶段性演变中，国家的行为偏好取决于什么因素，其在体系演变中发挥了什么样的作用。要弄清楚这个问题，本书需要解决以下三个问题：

1. 融合现实主义与建构主义的现实建构主义能否作为独立理论解释国家行为体的对外政策行为？与现实主义和建构主义相比，现实建构主义的优势与特别之处是什么？现实建构主义的理论分析框架能否弥补现实主义与建构主义在解释力上的不足？

2. 通过现实建构主义的理论分析视角，国家行为体在布雷顿体系的阶段性演变中起到了何种作用，探讨国际金融体系改革所需解决的问题究竟是什么？推动国际金融体系改革需要具备什么样的条件？

3. 根据国际金融体系各阶段演变的内在规律，结合2008年后金砖国家的改革经历，指出作为共同体实践的金砖国家集团为何会在后危机时期改革乏力？"一带一路"倡议在全球金融秩序中的特殊地位，以及如何推进国际金融体系的进一步改革？中国在整个改革进程中扮演什么角色，应该如何构建人类命运共同体的宏伟蓝图？

需要补充的是，本书主要是以国际政治权力的角度来研究国际金融体系的演变，力图在经济学之外探讨国际金融体系内在的演变规律，希望能在此方面能有所建树。

二、研究的意义

（一）理论意义

本书以现实建构主义作为理论分析视角，对二战以来国际金融体系的历次演变过程进行系统性分析，探讨国家行为体间互动对体系演变的决定性影响。本书将国际金融体系权力分配与国家认同分配作为国家国际金融政策的决定因素，探讨国际金融体系改革的内在动力，力求以金融权力的角度实现对国际金融体系变迁的再审视，对国际金融体系改革相关研究具有理论探索意义。

（二）现实意义

本书立足国际金融危机冲击国际金融体系权力结构的国际事实，通过对国际金融体系变迁的发展规律和影响因素的分析，以及对主要国家行为互动过程与结果的对比分析，探讨当前金砖国家集团与G7的互动模式，探究体系背后"权力"与"认同""全球化"与"反全球化"的逻辑联系。具体而言，面对当前日趋严重的反全球化和新贸易保护主义，本书论证了国际金融权力和国家认同对构建国际发展环境的重要性，以及整合亚投行、丝路基金等公共物品融入"一带一路"倡议，构建"一带一路"共同体金融的可能性和可行性。同时，也为中国实现"大国崛起"提供了些许建议。

第二节　研究现状

一、关于金融权力的研究现状

（一）国内学术界关于金融权力的研究

国内对金融权力的研究主要集中于对金融霸权的研究，而且研究热情伴着中国国力的提升而蹿升。截止到2015年3月23日，中国知网内以"金融权力"为关键词的搜索结果仅为2条，以"金融霸权"为关键词的显示结果为70条，在超星数字图书馆仅为1条，在当当网图书频道仅13条（排除重复项）。而截止2017年11月1日，"金融权力"的搜索结果为1457条，"金融霸权"为1226条，在超星数字图书馆为89条，在当当网图书频道24条（排除重复项）。

国内最早明确提出"金融霸权"概念的文献是1998年发表的陈观烈的《警惕金融霸权》，该文在亚洲金融危机爆发后详细分析了金融霸权的危害性。[1] 国内最早明确提出"金融权力"概念的文献则是1999年发表的陆忠伟的《世纪之交的国际经济形势与经济安全》，该文对金融权力的定位是一种"战略工具"并提高了它的地位，将其视为"一种可

---

[1] 陈观烈：《货币·金融·世界经济——陈观烈选集》，复旦大学出版社，2000年版，第374—390页。

与海权、陆权相提并论的战略权力"①。随后，陶大镛、李永胜、江涌、陈高翔、柳永明、周力、张长全等人都就金融霸权发表过论文。邹三明的《国际货币体系与美国霸权》②则进一步指出，更为重要的是金融权力的战略性或政治影响力。美国利用金融权力对其他国家进行金融制裁或金融威慑，深刻改变着现代国际关系。这种美国式的国际金融权力关系彰显了美国在全球范围内的金融霸权，也催生了对美国金融权力进行评价的研究，尤其是在美国金融危机之后更具有现实意义。沈本秋在《美国的金融权力评估》一文中，借鉴迈克尔·巴内特（Michael Barnett）和雷蒙·杜瓦尔（Raymond Duvall）的"权力论"理论，研究得出在金融危机之后美国在国际金融的各项权力均难阻衰落之势，不过却不尽相同，虽然其他权力呈现逐年衰落的态势，尤其是制度性权力和结构性权力尽管逐年式微，但整体上保持对其他国家的绝对优势。③这就解释了美国在危机之后依然能维持霸权地位的主要原因在于两方面——国际金融权力的制度化和美元国际化。而这也正是前文提到的国际金融体系改革的两个目标，以及中国努力推动国际金融体系改革和人民币国际化的原因所在。

美国金融权力的研究魅力在于美国的全球金融霸权地位，但在金融危机之后中国在国际金融舞台上的表现引发了对中国金融权力的关注。苏琳、罗洋和何利辉的论文《中国的金融权力与国际政治影响力：影响与制约因素》④从债权国的

---

① 陆忠伟：《世纪之交的国际经济形势与经济安全》，《现代国际关系》1999年第6期，第2页。
② 邹三明：《国际货币体系与美国霸权》，《世界经济与政治》2000年第3期，第30页。
③ 沈本秋：《美国的金融权力评估》，《世界经济与政治论坛》2011年第6期，第42页。
④ 苏琳、罗洋、何利辉：《中国的金融权力与国际政治影响力：影响与制约因素》，《经济研究参考》2011年第20期，第48页。

角度提出金融权力的主要表现——威慑力和强制力，并说明了债权国如何利用金融权力影响甚至控制债务国的思路。但是，该文的主要贡献在于，针对中国金融权力的"强化"所带来的理论影响力和事实影响力做了实证分析，提出中国运用金融权力可能面临的问题和制约因素。该文指出，美国凭借强大的金融权力根基，以及中美高度相互依赖的国情决定了中国的金融权力并不可能真正造成美国的恐慌，也不会对美国的全球金融利益造成重大威胁，即并不对中国的金融权力"强化"一说抱有乐观的态度。

　　以上论文主要采用联系性权力视角对金融权力（即传统金融权力）进行解读研究，这类论文的共通点在于虽然承认国际金融体系的存在和重要性，但还是孤立地研究金融权力对于一国的意义。这种过分专注于对一国传统金融权力的研究容易忽略国际金融体系的结构性特点，无法全面地反映出一国的金融实力。而且，孤立地强调金融权力非但不能很好地反映本国的金融实力，而且会让他国对本国的金融实力造成误判。这种误判将极大地影响国与国之间的外交政策，从而带来非常不利的影响。依然以中美关系为例，在金融危机之后，国内外的个别学者以数字的形式过分强调中国的显性金融力量，将其视为中国金融权力的全部，并在此基础上探讨中国如何利用自己的金融权力去影响世界。这种研究思路的缺陷就在于忽略了中国孱弱的体系金融权力，仅从具体数字上向世界宣扬中国的成功。结果非但没有为中国赢得预期的注重，还增加了美国的恐华心理，促使美国在各个层面打压中国的崛起。张明之就探讨了这个问题，并指出"中国威胁论"的部分宣扬者表面上给中国戴高帽，实际上是妄想中国承担与其身份严重不符的责任，为西方的金融危机埋单。当然，也有直接将金融危机归因于中国的阴谋论者，更有视中国为潜在敌人、秉持遏制战略对付中国的某些大国。① 为了消除"中国威胁论"的质疑，中国不得不付出大量的经济和政治成本，努力塑造一个"中国负责"的形象。

当然，也有部分学者发现了其中的不足，开始采用结构性权力的视角。这些学者大多以非美国的立场来研究国际金融权力，即从非霸权国的立场出发研究结构性权力。

第一，要理解结构性权力对金融权力的意义，就需要先理解软权力和结构性权力的概念。周聿峨和刘建林通过将苏珊·斯特兰奇的结构性和约瑟夫·奈的软权力进行比较后，提出这些非传统权力在当今经济全球化背景下的国际关系中的作用日益突出，如何更好地利用这些非传统权力已经成为各界争相关注的问题。②

第二，需要明白结构性权力的真正作用。结构性权力的作用总的来说侧重于"借势"，即通过与他国的权力合作、利用体系的规则来获得更大的权力。李天栋和冯全普在论文《次贷危机与国际金融秩序重构的博弈分析——兼论我国对全球性资源布局的战略》中通过对次贷危机与国际金融秩序重构的博弈分析，认为因为国际金融秩序的根本属性是结构性权力，所以必须有一个新的主导性权力主体才能实现它的根本性变革。基于这个新主体并未产生的前提，国际金融秩序的变革最终只能表现为有限变革。③ 但是，中国目前的实力决定了无法成为国际金融秩序的主导者，应该利用我国在劳动力资源和自然资源的优势，获得主导权外的另一种结构性

---

① 张明之：《从"中国威胁论"到"中国责任论"：西方冷战思维定式下的中国发展安全》，《国际经济与政治论坛》2012年第3期，第2页。
② 周聿峨、刘建林：《非传统权力的扩张：软权力与结构性权力——约瑟夫·奈与斯特兰奇权力观的比较》，《云南民族大学学报（哲学社会科学版）》2005年第6期，第24页。
③ 李天栋、冯全普：《次贷危机与国际金融秩序重构的博弈分析——兼论我国对全球性资源布局的战略》，《复旦学报（社会科学版）》2009年第3期，第21页。

权力。

虽然以上的研究凸显了联系性权力或结构性权力各自在国际金融领域的重要性,但是将二权力割裂单独研究的思路并非斯特兰奇的本意。结构性权力相比较联系性权力最大的优势在于,它通过合作的形式达到获取或增加权力的目的,相对来说显得比较公平和正义,最大程度上排除了联系性权力通常采取的实力威慑所带来的不利后果,有利于权力的获取,以及利益目的的达成。但是,完全脱离联系性权力的结构性权力是不存在的,联系性权力是结构性权力的基础,结构性权力是联系性权力的发展和目标。

部分学者看到了对结构性权力和联系性权力的单独研究的理论漏洞,开始关注二权力在国际金融体系中的相互影响和相互作用,并提出对现有体系的批评和未来体系的改革方案。如欧阳永和郭红霞在其论文《国际金融体系中的权力、困境及其治理》中提出,导致国际金融体系动荡的原因除了有经济方面的因素,还包括政治困境。"金融结构中的权力和金融制度的运行规则是政治困境产生的根源,国际金融中的权力突出表现为结构性权力和联系性权力,这两种权力又塑造了金融制度的运行规则。因此,在对国际金融困境的治理中如何改变现有的权力结构和改革制度的运行规则是极为关键的。"[①]

(二) 国外学术界关于金融权力的研究

美国最早提出金融权力(Financial Power)概念的文献始于 1985 年埃米莉·罗森伯格(Emily S. Rosenberg)的《Foundations of United States International Financial Power: Gold

---

[①] 欧阳永、郭红霞:《国际金融体系中的权力、困境及其治理》,《长江论坛》2007 年第 2 期,第 50 页。

Standard Diplomacy，1900 – 1905》①。罗森伯格教授在文中介绍了美国政府在1900—1905年间的"黄金标准外交"，以单纯的联系性权力视角肯定了金融权力在外交中的重要作用，其中反映了在日益增强的国家经济实力情况下，美国增加的金融份额被用来维持一个完整的、稳定的和易相处的国际秩序，以及政府对于在国际货币事务中发挥主导作用的新期待。她的结论是，政策制定者和经济学家将在20世纪20年代的经验基础上开发金汇兑本位和货币稳定计划。换言之，它最重要的作用是预见了美国将利用手中的金融权力构建并主导一个国际金融体系。马汀·孔金斯（Martijn Kongings）的《The construction of US financial power》②，该文发展了一种基于制度的视角，使结构性权力与国家权力（联系性权力）在理论性上更加匹配，继而发展了一个关于整个20世纪的美国金融权力的解释。另外，该文重新解读了美国和全球金融历史的一些关键时刻，并重新审视美国的金融衰退的概念。塔夫斯大学弗莱彻法律和外交学院国际政治学教授丹尼尔·W. 德茨纳（Daniel W. Drezner）在《中国难以利用金融权力发挥政治影响》一文中就指明，在大国政治交往的过程中，债务国的金融权力往往无法对债权国形成有效的政治影响。在金融危机中，中国希望好好利用其1.5万亿美元的外汇储备来抵制西方的贸易保护主义，从而尽量收购西方的战略资产，当然缓和西方就西藏问题的政治压力也是中国的战略目标，但均未取得良好效果。中国以维护中国投资为由要求美元保持币值稳定的主张，最终也遭遇美联储大规模注资导致美元大幅贬值，更别提中国提出的世界储备货币改革方案。究其原

---

① Emily S. Rosenberg. Foundations of United States International Financial Power: Gold Standard Diplomacy, 1900 – 1905. Business History Review, 59, 1985, pp. 169 – 202.

② Martijn Kongings. The construction of US financial power. Review of International Studies, 35, pp. 69 – 94.

因，中国面对的中美经济相互依赖、美国高超的国际金融协调能力和美元的国际金融地位等问题，才是其金融权力严重失效的根本原因。[1]

艾伯特·赫斯曼（Albert Hirschman）曾在论文《National Power and the Structure of Foreign Trade》中指出，"影响他国商业或金融的权力是控制他国政治权力的基础"[2]。换言之，金融权力是一种可以影响他国内政外交的重要权力，但前提是必须对他国产生实质意义上的影响。基于此，本书认为，所谓金融权力应该是国家基于债权关系、经济实力、国家市场、国际金融地位等因素产生的影响他国政治与经济权力的权力，是国家相互依存的物质基础，其中经济实力是金融权力的根本来源，因为与他国的债权债务往来、在国际金融中的地位与权力均以国家的经济实力作为根本前提。对于一国而言，国家在国际金融体系中的金融权力至少包括两个方面——基于经济实力产生的联系性权力，以及基于金融体系分配的结构性权力。联系性权力是结构性权力分配的主要依据，结构性权力是保障联系性权力发挥作用的制度性保证。本书所谈的金融权力主要是指结构性权力，在国际金融体系中表现为体系性权力。国家对体系性权力的追逐本质上是为保证和扩大联系性权力的实施效果。

在可预见的未来，中国无法单独通过金融权力动摇美国的金融地位，事实证明世界已经错过了最佳的联系性权力发挥作用的时机。即使在美国金融权力（联系性权力）衰落之际，它依然可以通过自己构建的国际金融体系的权力来渡过难关。中国无法正面与美国对抗也成为不争的事实，那么与

---

[1] Daniel W. Drezner. Bad Debts: Assessing China's Financial Influence in Great Power Politics. *International Security*, Vol. 34, No. 2 (Fall 2009), pp. 7 - 4.

[2] Albert Hirschman, *National Power and the Structure of Foreign Trade* (Berkeley: University of California Press, 1945), p. 16.

其他国家合作，通过金融权力的合作来实现国家利益成为中国的理想选择，而这在世界金融外交史上就有成功的先例。以英美为例，格伦·哈茹阿（GLEN O'HARA）在其论文《The Limits of US Power: Transatlantic Financial Diplomacy under the Johnson and Wilson Administrations, October 1964 – November 1968》中就提到，20世纪60年代的跨大西洋的金融外交的历史观点主要贯穿着林登·贝恩斯·约翰逊（Lyndon Baines Johnson）总统和首相哈罗德·威尔逊（Harold Wilson）的秘密协议，即英国通过美国的金融资助来维持其世界金融体系。这一点已经在全球范围内得到了承认，并作为史实的一部分。两个领导人基于一些共同利益和心照不宣的目标紧密地联系在了一起。但是，争议集中于他们低估了合作的困难，英国能够自始至终地主导两国关系节奏，美国仍然需要英国的帮助，因此，不得不在包括外交、经济和军事等许多领域支援英国。[①] 这段历史主要基于两国不对等的金融权力，或者说是美国的局限性，这与中美两国的现状何其相似。美国现在就如当年的英国在世界金融体系中居于霸主地位，中国恰如当年的美国，拥有强大的金融实力，却苦于无法转换成相当的金融权力，只能通过在多个领域支持美国来分享部分权力。

二、关于金融体系改革的研究现状

本书探讨的主要内容是国际金融体系改革。从本质上讲，国际金融体系改革主要解决国际金融权力如何分配的问题。除此之外，主要大国还关心在分配之后的国家政策问题，即如何处理联系性权力与结构性权力之间的关系。但是，以两

[①] GLEN O'HARA (2003). The Limits of US Power: Transatlantic Financial Diplomacy under the Johnson and Wilson Administrations, October 1964 – November 1968. *Contemporary European History*, 12, pp. 257–278.

种权力的角度研究权力体系改革的文献比较少，除了前文提到的偶有涉及的论文外，主要还是从金融监管、货币体系和组织结构、投票份额等角度来探讨国际金融体系改革的问题。其中，与权力体系改革比较相近的是组织结构和投票份额的改革研究。

在研究进度方面，国内与国际上基本保持一致，只是侧重点有所不同。国内侧重于中国视角下的国际金融体系改革，强调中国在国际金融体系改革中的地位、影响和作用，探讨中国如何在改革中收获利益，以及在改革过程中的国家政策；国外由于研究者立场不同，主要分为美国主导下的国际金融体系微调和欧美共治下的国际金融体系改良。

国内外有关国际金融体系改革的热潮始于美国金融危机的全面爆发，正值国际上对美国主导下的国际金融体系的能力表示不满之际。世界各国出于自身利益需求都或明或暗表达了对于国际金融体系改革的诉求。这股浪潮的涨跌曲线与金融危机的曲线基本保持一致，但也有例外，那就是在后危机时代的金砖国家依然以追求国际金融权力为目标，而主要发达国家则逐渐冷淡下来，只有个别发达国家顺水推舟，暗中推动这股浪潮的前进以求获得最大的国家利益。

（一）国内学术界关于金融体系改革的研究

国内研究国际金融体系改革的文献非常丰富，截止2017年11月15日，在中国期刊网以"国际金融体系改革"为"全文"搜索关键词得到369233条结果，作为"篇名"关键词的搜索结果为205条，以"国际金融体系改革"作为"主题"关键词的结果有5416条。从研究热度看，在"全文"搜索关键词得到369233条结果中，2007年以前的研究文献年增幅低于1000条，但2008年较2007突然暴增约4000条，金融危机爆发后的第二年，也就是2009年同比增长超30000条，达到峰值37127条，此后四年虽然有所回落，但一直稳定在 10000 条以上，从此可以看出国际金融体系改革的研究热度之高，影响之深远。

在以金融体系改革作为切入点的文献里，徐明棋在 2001 年发表的《论国际金融体系的改革与展望》① 中就东南亚金融危机的爆发所暴露出的国际金融体系与经济全球化发展趋势不相适应的矛盾，就当时国际金融体系改革无法迈出实质性步伐的原因做了分析，并指出由于缺乏足够的国际政治资源，以及对发达国家的经济冲击不够严重，国际上并没有形成足够的共识推行国际金融体系改革。然而，美国次贷危机彻底改变了这一局面。次贷危机与东南亚金融危机不同，它发端于金融实力和影响力最为强大的美国，而且随后演变的美国金融危机波及到了整个世界，其影响之深远，威力之巨大，深深震撼了全球，国际金融体系因此初步具备了改革的基础——足够的国际政治资源和严重的金融破坏力，国际金融体系改革浪潮一时之间风光无二。张明的论文《论次贷危机对国际金融体系、国际格局和中国经济的影响》就批评说，次贷危机是美国金融发展史乃至国际金融发展史上最严重的金融危机之一。美国政府在次贷危机的所作所为与其之前在世界所宣扬和推广的市场原教旨主义严重不符，严重打击了美国在国际金融的形象。国际金融格局和国际金融体系也在次贷危机中受到冲击，并严重波及以中国为代表的新兴经济体国家。② 石建勋在《国际金融体系改革与中国的战略选择》一文中建议在发展好自己的同时，"积极参与各种层次国际金融体系改革的全球协调和会商机制及游戏规则的制订，为在国际货币体系中提升话语权谋求更大的空间。积极

---

① 徐明棋：《论国际金融体系的改革与展望》，《国际金融研究》2001 年第 2 期，第 9—14 页。

② 张明：《论次贷危机对国际金融体系、国际格局和中国经济的影响》，《国际经济评论》2008 年第 2 期，第 5 页。

推进并参与国际货币基金组织的改革，争取在该组织中拥有更大的投票权和话语权。"[①] 中国驻国际货币基金组织执行董事葛华勇在《关于国际货币金融体系改革的思考》一文中便理性地指出，现阶段根本性改革国际货币与金融体系是不现实的，但进行局部调整或改革的成功率较高，因此应将战略目标调整为推动国际金融体系的持续改革，最终实现所有国家在国际经济（金融）规则的制定过程中拥有平等的权力，使得所有国家在国际货币和其他国际金融事务中实现权利与义务相适应。[②] 这样的设想可能有其深层次的根源，从过去的半个世纪的历史实践来看，每一次的国际金融体系改革结果都达不到最初的愿景，周宇在其论文《试论国际金融体系改革》指出，原因就在于"不同的改革提案反映了不同的利益关系，最后只有一部分符合共同利益需要的提案才会转化为改革成果。"[③] 这种思想已经成为国际社会的共识，并深刻影响了学术理论和国家策略，彼时就有学者指出"为了维护国家利益，中国应当在'韬光养晦、有所作为、决不当头'的原则指导下，做一个国际金融体系改革的冷静参与者。"[④]

当然，当时亦有部分学者表达出相对积极的思路。陶昌盛在《次贷危机下的国际金融体系改革及中国的角色》中强调，中国应积极参与国际金融体系改革，不断提高本国在区域金融合作的水平和层次，努力推进人民币的区域化和国际化，同时也要量力而行，正确处理本国在区域金融合作中的

[①] 石建勋：《国际金融体系改革与中国的战略选择》，《中国金融》2009年第8期，第41页。
[②] 葛华勇：《国际货币金融体系改革的思考》，《中国金融》2009年第1期，第28页。
[③] 周宇：《试论国际金融体系改革》，《世界经济研究》2009年第5期，第23页。
[④] 沈文辉：《中国在当今国际金融体系改革中的角色与策略》，《求索》2010年第7期，第14页。

绪　论

好角色定位。① 徐明棋则"评析了全球金融危机后国际社会对国际金融体系重新反思的新观点和进一步推进改革的各种建议意见。"② 以现在的视角看，几位学者的观点在当时很有代表性，即既想有所作为，但又无法突破时代局限。确切地说，中国希望获得更多的话语权，但同时发现单靠本国的力量已经无法实现，这从研究热情的转向便可窥一二。多数的研究热情从"国际金融体系改革"转向"国际金融治理"③，从用词上即可看出中国立场的软化。但是，随着"反全球化"浪潮的愈演愈烈，以及新贸易保护主义的实质性危害的加深，以中国为首的发展中国家的反弹情绪越来越高，国内学者更多地探讨各种机制对旧国际金融机制的替代方案。其中，最主要的研究内容大多集中于，在 G20 逐步取代 G7 的关键时期，尤其是在权力失衡、秩序混乱和调节失效的背景下，如何更好地完善 G20 国际金融治理形成长效机制，以及在此机制下中国如何有效作为的问题。④ 此外，许多学者还将研究重点转向金砖国家，主要研究以金砖国家整体参与国际金融治理，这股浪潮近几年同样得到学界的广泛认同。比如有代表的是关雪凌、于鹏和赵尹铭等人的《金砖国家参与全球经济治理的基础与战略》和王磊的《金砖国家合作与全球治理体系变革：路径及其实践》。前者指出金砖国家要进

---

① 陶昌盛：《次贷危机下的国际金融体系改革及中国的角色》，《经济与管理研究》2009 年第 4 期，第 58 页。

② 徐明棋：《国际金融体系改革：新问题与新的突破口》，《世界经济研究》2011 年第 11 期，第 33 页。

③ 研究热情的数据参见知网。

④ 大致观点可参见以下文章崔志楠、邢悦：《从"G7 时代"到"G20 时代"——国际金融治理机制的变迁》，《世界经济与政治》2011 年第 1 期；艾尚乐：《国际金融治理的新趋向——中国参与 G20 机制的改革与发展》，《改革与战略》2012 年第 1 期；黄薇：《全球经济治理之全球经济再平衡》，《南开学报（哲学社会科学版）》2012 年第 1 期；刘宏松：《新兴大国对 G20 议程的影响——兼论中国在议程塑造中的外交作为》，《国际展望》2014 年第 2 期。

17

一步加强合作对抗逆全球化思潮，渐进式地推动全球治理的改革进程。① 后者则直接阐明"金砖国家的发展是全球范围内权力转移和权力扩散的产物，它为了推动国际体系的权力分布能够反映变化了的全球实力对比，推动现行的国际政治经济体系的改革，还积极倡议新的全球治理理念和规则，并且推动成立新的全球多边治理机构。它是全球秩序的改革动力，也是新兴国家和发展中国家争取更大的话语权和规则制定权的反映。"②

此外，国内学者对国际货币基金组织、世界银行等国际金融体系的改革文献也具有一定的参考价值。李本的《国际货币基金组织份额制改革与中国的进路分析》一文③明确指出，IMF不公平的份额制和投票权制造成国际社会对其信任危机的根源，因此，也成为改革的目标。中国可以通过谋求区域货币合作和提议建立超主权储备货币体系对 IMF 实施外部压力，通过承诺给予 IMF 资金支持等内部激励，实现对 IMF 改革的正面影响。谢世清的《国际货币基金组织份额与投票权改革》一文高度赞扬了在 2011 年 11 月的首尔峰会上就 IMF 份额与投票权改革所达成的历史性协议，最终兑现了匹兹堡峰会的份额改革承诺。评价其是一次类似世界银行投票权改革的权力东移，通过向新兴经济体和发展中国家转移份额实现话语权的再分配，帮助他们打破长期以来由西方把持布雷顿体系话语权的不公平格局，亦为推动建立符合国际

---

① 关雪凌、于鹏、赵尹铭：《金砖国家参与全球经济治理的基础与战略》，《亚太经济》2017 年第 3 期，第 5 页。
② 王磊：《金砖国家合作与全球治理体系变革：路径及其实践》，《广东社会科学》2017 年第 6 期，第 15 页。
③ 李本：《国际货币基金组织份额制改革与中国的进路分析》，《法学论坛》2010 年第 2 期，第 86 页。

绪　论

社会期望的国际金融体系提供了帮助。① 在这次权力东移的过程中，美国的利益事实上并未被过多削弱，"金砖四国"的权力主要来自于欧盟的让渡。这其中虽然有美国的压力，但也存在欧盟在国际金融体系中的影响力正在降低的事实。王展鹏在《全球治理视野下欧盟规范力量探析——以欧盟国际货币基金组织代表权改革为例》一文中指出，鉴于"欧盟身份的复杂性使之在这一问题上既表现出支持相关改革的意愿，又因自身的既得利益、法律地位和治理结构的制约而表现出一定的保守性。围绕欧盟对外向发展中国家转让代表权和对内逐步统一代表权的争论是一个国际体系、地区和成员国层面的三重博弈过程，也是欧盟在参与全球治理过程中关于自身规范力量身份的建构过程。"② 需要明确的是，对欧盟的代表权改革研究有着重要的研究意义，它不但可以解释权力东移这一转移过程，还可以就此了解国际金融权力的既得利益者面对改革时抵抗和妥协的过程，甚至也可以为东亚地区金融体系改革提供借鉴。

（二）国外学术界关于金融体系改革的研究

国外对金融体系改革的研究相比国内更加丰富，以西文期刊数据库 JSTOR（新）中以"reform" and "financial system"为"item title"检索词时有 800 条期刊论文结果，以"reform" and "financial system"为"item title"检索词时有高达 408,400 条结果。

虽然国内外都对金融体系改革抱有极大的研究热情，但国外在研究金融体系改革的思路与国内不尽相同。基于既得利益者的身份，国外的研究专注于有限改革，甚至是增量式

---

① 谢世清：《国际货币基金组织份额与投票权改革》，《国际经济评论》2011 年第 2 期，第 126 页。
② 王展鹏：《全球治理视野下欧盟规范力量探析——以欧盟国际货币基金组织代表权改革为例》，《欧洲研究》2011 年第 1 期，第 57 页。

改进，体现更多的是治理或变通，而非真正意义上的改革。

迈克尔·杜利（Michael Dooley）、戴维·福尔克茨-兰多（David Folkerts-Landau）和彼得·加伯（Peter Garber）等人将视线转向东亚，提出了一种"新布雷森顿体系"（Revived Bretton Woods System）①，通过东亚各国的力量实现美元的再稳定。具体而言，就是东亚各国的中央银行通过大量增持美元的方式，实现美国经常性项目逆差的低价融资，从而将美国国内利率长期维持在较低的水平，进而刺激美国的内需，以此来带动美国对东亚产品和资本投资的需求。另一方面，东亚各国通过与美元的挂钩，主动干预美元外汇市场，将兑美元的汇率长期稳定在较低水平，促进本国出口经济的发展。本书认为，该体系的弊端在于其高估了单个国家的道德，即单个国家会将自己的利益服从于整体外围利益。这种理想主义的设想欠缺一个强有力的行动架构，更缺乏一个良性的互利保障机制，因此，执行效果堪忧。

斯坦利·费舍尔（Stanley Fischer）在《Financial Crises and Reform of the International Financial System》一文中，在对比墨西哥金融危机、亚洲金融危机、阿根廷金融危机和巴西金融危机等危机的基础上，探讨国际金融体系改革，尤其是IMF在面对金融危机时的角色定位和及时应对危机的能力问题。该文总结了已经达到的改革建议，以及仍然需要关注并改革的其他方面，具有重要的参考价值。②

杰弗里·文德安（Geoffrey R. D Underhill）和张晓克合著的《International Financial Governance under Stress》是研究金融治理的。该书提出，过去二十年里提倡的加强全球金融

---

① Michael Dooley, David Folkerts-Landau and Peter Garber, "An Essay on the Revived Bretton Woods System", *NBER Working Paper* No. 9971, 2003.

② Stanley Fischer, "Financial Crises and Reform of the International Financial System", *Review of World Economics / Weltwirtschaftliches Archiv*, Vol. 139, No. 1 (2003), pp. 1-37

自由化和一体化增加了全球金融动荡，其中最典型的例子就是亚洲金融危机和阿根廷危机。这些鲜为人知的新兴经济体的危机已经将人们的注意力吸引到了如何确定和发挥国际和国内金融机构的作用上来。该书提供了涉及解决这些问题的政策和广泛谈论的结果。[1]

具体到机构改革，大卫·文思（David Vines）和克里斯托弗·吉尔伯特（Christopher L. Gilbert）在他们的著作《The IMF and its Critics: Reform of Global Financial Architecture》中提到，IMF 是第一个旨在保护国家摆脱金融危机的影响及避免世界遭受系统性风险的经济制度。许多人认为，IMF 不具备做这项工作的能力，而另一些人的想法恰恰相反。它分析了 20 世纪 90 年代末的亚洲和阿根廷金融危机，政治的自主性问题和国际货币基金组织的财政稳定和治理问题。[2]

第三节 研究思路、研究方法及创新点

一、研究思路

本书共分为五部分。

绪论：本部分主要交代问题的提出背景、研究的意义及国内外的相关研究成果。

第一章：现实建构主义视域中的国际金融体系演变。本章主要论证了现实建构主义作为国际关系领域独立理论范式

---

[1] Geoffrey R. D Underhill; Zhang, Xiaoke. *International Financial Governance under Stress: Global Structures versus National Imperatives*, Cambridge: Cambridge University Press, 2007.

[2] David, Vines Christopher L. Gilber. *The IMF and its Critics: Reform of Global Financial Architecture*, Cambridge: Cambridge University Press, 2004.

的地位，并将其引入国际金融政治领域，随后基于两大理论核心要素"权力"与"认同"对国际金融体系演变的内在逻辑进行理论分析。最后，将企业管理中的组织惯性理论与现实建构主义建立联系，从中探讨国际金融体系改革的内在阻力与解决思路。

第二章：战后国际金融体系演变的历史进程。本章主要以现实建构主义的视角对二战后国际金融体系演变进行分析，探讨演变背后"认同"与"权力"对国家间互动政策的影响，以及由此带来的对国际金融体系演变方向的根本性影响。最后，总结出国家尤其是主要行为体在国际金融体系演变进程中的经验教训，以期为后来的金融体系改革提供指导与建议。

第三章：国际金融体系改革与发展中国家。本章主要探讨新时期新兴经济体引领的发展中国家推动国际金融体系改革的实践。首先，金砖国家吸取战后主要行为体的改革经验，在危机后推动了体系的改革进程，其经历同时证明改革的关键不仅在于破除体系内部的结构惯性，更在于破除体系的竞争惯性，即构建体系的外部竞争对手，即为共同体金融完成理论铺垫。而中国提出的"一带一路"倡议和系列行动则为共同体金融提供实践基础。随后，本章探讨了"一带一路"共同体的构建路径，以及中国在此中的责任与机遇。

结论：本部分主要包括对全书的总结和本书可能存在的不足。

二、研究方法

具体而言，本书主要使用了以下研究方法：

理论分析法（Theoretical Analysis）。本书以现实建构主义为理解分析视角，对国际金融体系演变的内在逻辑进行理论分析，挖掘出金融体系的演变逻辑和规律，以及国际金融体系改革的阻力等，给予后来的金融体系改革者以理论指导，帮助他们切实推动金融体系的改革进程。

历史分析法（Historical Analysis）。本书采用历史分析法是为了能采取动态的视角来分析国际金融体系的历史演变。通过对国际金融体系演变的不同阶段历史进行科学分析，弄清楚演变过程发生的"来龙去脉"，弄清楚它的本质，揭示它的演变规律，提出符合国际金融体系改革本质的解决方法。

实证分析法（Empirical Analysis）。本书着眼于美国金融危机推动国际金融体系改革的现实，通过二战以来国际金融体系的历次演变和主要大国的互动行为经验等从理论上推理说明国际金融体系已到了改革边缘，并通过金砖国家的改革实践论证了体系改革的关键在于破除体系的组织惯性，最终为"一带一路"共同体金融的构建提供建议。

三、创新点

本书的创新性主要体现在两个方面：

第一，研究视角的创新。本书将国际关系领域的现实建构主义理论应用于国际金融体系演变的研究，从权力与认同的角度探讨二战以来国际金融体系演变的内在逻辑，并将企业管理中的组织惯性理论引入金融体系改革探讨体系背后的改革阻力与解决之道，是通过新视角对旧问题的再认识。

第二，解决方案的创新。本书提出构建"一带一路"共同体金融与当前国际金融体系组建双金融体系架构，对后者形成竞争性外部压力，借此倒逼国际金融体系权力结构改革，是促使国际金融体系更加合理的有效解决方案。

第一章 现实建构主义视域中的国际金融体系演变

第一节 什么是现实建构主义理论

"现实建构主义"(realist constructivism)一词最早出现于美国政治学会(American Political Science Association, APSA)1998年年会的小组讨论,[①] 此后学界就现实主义与建构主义能否搭桥进行了有益探讨,虽未建构出一种新的国际关系理论研究范式,但却有效证明了现实主义与建构主义的包容性与互补性,为二者的理论融合创造了理论基础。2003年,塞缪尔·巴尔金(J. Samuel Barkin)在《国际研究评论》(International Studies Review, ISR)上发表了《现实建构主义》,[②] 指出,虽然现实主义与建构主义之间存在许多分歧和争议,但是双方都在审慎地吸收对方的有益部分,这为二者共存提供了基础,而由二者搭桥构建的现实建构主义的理论框架无论从范式上,还是从认识论和方法论上都具有共

[①] Patrick Thaddeus Jackson and Daniel H. Nexon, "Realist Constructivism, Constructivist Realism?" *American Political Science Association Annual Meeting*, Boston, September 1998.

[②] J. Samuel Barkin, "Realist Constructivism", *International Studies Review*, Vol. 5, No. 3, 2003, pp. 325 – 342.

存的可能性。① 其后，国内外学者对现实建构主义的内涵及能否成为独立的研究范围进行了激烈的讨论，并逐步确立了现实建构主义的独立国际关系理论新范式的地位。现实建构主义独立范式地位的确立基于两个基本前提：建构主义与现实主义的理论通约性和现实建构主义"权力政治的社会建构"的定位。前者是理论成立的基本出发点，后者是理论独立的根本立足点。

一、现实主义与建构主义间具有理论通约性

多数质疑现实建构主义存立的学者均基于托马斯·撒母耳·库恩（Thomas Samuel Kuhn）的范式不可通约论，即现实主义与建构主义理论之间的诸多差异及对立造成的不可通约性。② 但是，国内学者焦兵和董青岭等均对此进行反驳，认为建构主义并非独立范式，而只是一种国际关系的分析框架，属于元理论（meta-theory）的范畴，而非实体理论。③ 巴尔金也明确指出，建构主义并不具备成为范式的基本条件，其只是关于"政治如何运行"的假设而已，④ 尼古拉斯·奥努夫（Nicholas Onuf）也在《建构主义的哲学渊源》中解释称，建构主义只是一种社会关系的研究方法，而非独立的研究范式。⑤ 在1987年的《国际关系理论中的施动者—结构问题》一文中，亚历山大·温特（Alexander Wendt）明确提出

---

① J. Samuel Barkin, "Realist Constructivism", p. 337.
② ［美］托马斯·库恩著，金吾伦、胡新和译：《科学革命的结构》，北京大学出版社，2003年版，第95页。
③ 相关论述参见焦兵：《现实建构主义：国际政治的权力建构》，《国际关系理论》2008年第4期，第24—28页；董青岭：《现实建构主义理论论述》，《国际政治科学》2008年第1期，第132—135页。
④ J. Samuel Barkin, "Realist Constructivism", *International Studies Review*, Vol. 5, No. 3, 2003, p. 338.
⑤ ［美］尼古拉斯·奥努夫：《建构主义的哲学渊源》，《世界经济与政治》2006年第9期，第1—15页。

了建构主义的理论框架，指出建构主义的理论基础是吉登斯的结构化理论（structuration theory），"它是一种分析性而非实体性理论，它只是分析社会世界的实体组成及如何概化实体之间的关系，同时它也为社会体系的分析提供了元理论支持。但是，它并不揭示在既定的社会体系中存在何种特定类型的施动者和结构。"① 因此，建构主义与属于实体理论阵营的现实主义并不存在直接竞争关系，二者存在通约的可能性，并因此可融合为现实建构主义。

二、现实建构主义是"权力政治的社会建构"

融合自现实主义与建构主义的现实建构主义，其理论立足点到底是"建构主义者的现实主义"（Constructivist Realism）还是"现实主义者的建构主义"（Realist-Constructivism），即到底是"社会事实的权力建构"还是"权力政治的社会建构"。② 以詹妮斯·马特恩（Janice B. Mattern）为代表的学者坚持社会事实的权力建构，认为现实建构主义的核心特征是权力的至上性，即"权力不仅能决定何种社会结构居于强势地位，并且能建构自身运行的社会结构"③。该理论的局限性在于，将现实建构主义的理论焦点偏向权力至上性，将导致现实建构主义与古典现实主义在理论内核上的重叠，即二者都主张，"权力不但要用于实现国家道德目的之手段"以及"权力也是决定谁来制定道德、谁的道德将被遵守的最

---

① Alexander Wendt, "The Agent-Structure Problem in International Relations Theory", *International Organization*, Vo. l41, No. 3, 1987, pp. 335–370.

② Patrick Thaddeus Jackson, Daniel H. Nexon, "Constructivist Realism or Realist-Constructivism?", *International Studies Review*, Vol. 6, No. 2, 2004, p. 337.

③ J. Samuel Barkin, "Realist Constructivism and Realist-Constructivisms", *International Studies Review*, Vol. 6, No. 2, 2004, p. 351.

终判断标准"[1]。同时，古典现实主义也没有对"权力"的范围加以限定，与现实建构主义的权力至上性相吻合，使得现实建构主义在理论内涵与概念体系上无法与古典现实主义区分。根据库恩的范式理论，独立范式的成立前提是与其他范式之间的不可通约性[2]，等于是否定了现实建构主义是建构主义者的现实主义的理论基础。而帕特里克·杰克逊（Patrick Thaddeus Jackson）和丹尼尔·尼克松（Daniel H. Nexon）为代表的学者则坚持认为现实建构主义是权力政治的社会建构，即强调现实建构主义的核心应该是规范与认同等因素，其理论重心应该放在解释规范与认同等因素对权力运行的影响性分析，从建构主义的角度解释权力的不可超越性。他们强调规范、观念及认同等建构主义元素对权力运行的影响性分析，而非超越权力甚至消除权力。现实建构主义认可现实主义"权力政治不可超越"的一贯主张，认为现实主义关于个体利益和无政府状态并不是由客观物质条件决定的基本假设，而是由社会互动所建构的产物。这就构成了与现实主义范式的不可通约性，维护了现实建构主义独立范式的理论地位。

三、现实建构主义的理论共识

基于"权力政治的社会建构"的理论定位，现实建构主义学者就该理论适用国际关系领域共享以下几点认识：

1. 权力斗争是国际关系的主旋律。国家是国际社会的行为主体，虽然现实建构主义肯定规范与认同在国家行为体间

---

[1] Jennifer Serling - Folker, "Realist - Constructivism and Morality", in "Bridging the Gap: Toward A Realist - Constructivist Dialogue", *International Studies Review*, No. 6, 2004, pp. 341 - 343.

[2] [美] 托马斯·库恩著，金吾伦、胡新和译：《科学革命的结构》，北京大学出版社，2003年版，第95页。

互动的影响力，但是权力斗争依然是国际关系的主旋律。权力斗争构成了行为体赖以生存的权力结构。在无政府状态的假设下，当权力结构的规范性作用遭受质疑时，权力结构的维护者和反对者将通过争夺权力结构的主导权来重建规范与秩序。基于权力分配跟随国际关系行为体实力调整而调整的前提，权力结构的主导地位始终面临新兴行为体的质疑与挑战，因此，权力斗争也将始终存在。

2. 身份决定行为体偏好。身份决定其对权力分配的认同，规范与认同等因素决定行为体利益偏好及政策偏好，促使其建构适宜生存的权力结构。而权力结构的变化将不断建构行为体身份，规范行为体的观念与认同。换言之，权力分配与分配认同共同决定行为体的对外政策，而对外政策构建出的权力结构又强化行为体的认同，以维护结构的稳定与权威。当权力分配无法得到认同时，行为体亦通过对外政策调整甚至推翻原结构，而原结构也会间接强化行为体的改革者身份。

3. 结构与认同共同建构国家群体。在共有结构中，相似的物质结构和观念结构将社会化结构内的行为体，使后者产生群体性认同并形成国家群体。相对于结构的阶段性稳定特征，认同的不稳定性促使结构与认同的偶合性产生不同的国家群体，即国家行为体参与多群体的可能性及面临群体利益的抉择问题。

4. 行为体互动与权力结构共同建构国际体系。特定时期的国际体系必然是当时行为体互动与权力结构共同作用的产物，特定的认同形成特定的权力分配格局，特定的权力分配格局会增强或削弱特定的观念。行为体在国际社会权力结构与区域社会权力结构的双重互动建构国际体系生存环境。

综上所述，本书认为现实建构主义应是现实主义的建构主义形态，它以权力政治的社会建构为基本假设，以物质权力为基础,以社会观念认同为框架,以权力与认同为理论分析内核解释国际关系的理论范式,旨在于阐明国际关系中权力、认同与国际政治的社会建构之间的关系,其首要目标是要以建构主义的认识论、方法论重塑现实主义的权力政治批判传统与道德怀疑精神,为当前国际关系的研究提供一个更加审慎的理论基础。①

第二节 权力与认同的关系问题

现实建构主义吸收了现实主义与建构主义的理论内核,肯定了权力与认同在推动国际体系发展中的基础性作用,要理解这个基础性的过程就必须先澄清现实主义与建构主义在国际体系发展中的解释力问题。现实建构主义通过搭桥现实主义与建构主义,避免了后两者在解释国际体系重大历史演变问题上解释力不足的问题。事实上,现实主义是一种物质性的静态分析视角,在国际体系演变的研究问题上很难取得根本性突破,因为现实主义学者通常将国际体系中的进程性事件的产生根源定位于客观物质,各行为体的对外行为也被解释为基于自身物质条件下为实现利益最大化的理性反应,忽略了规范、观念和认同等建构主义因素的作用。现实主义基于静态物质条件的解释在经历华尔兹式的科学化改造后面临广泛的质疑,标志性案例就是无法预见和解释冷战的和平解决。与现实主义不同的是,现实建构主义并不认为行为体利益与无政府状态是客观物质条件决定的,而是由行为体互动建构产生的。由于坚持行为体互动和无政府状态的可塑性,

---

① 董青岭:《现实建构主义理论论述》,《国际政治科学》2008 年第 1 期,第 157 页。

现实建构主义具备预见和解释国际体系演变的理论解释力。

与现实主义的静态分析框架不同，建构主义本身就是以现实主义的挑战者姿态出现，其通过观念、身份和规范等建构主义元素克服了现实主义在国际体系动态演变等问题解释力不足的缺陷，强调国际权力斗争会因国际行为体的良性互动和国际规范的良性调整而逐渐减弱，国际体系会随着行为体的互动和国际规范的社会化作用而妥善建构。但是，建构主义对身份、观念和规范因素的过分强调反而凸显出其对于具体政治行为解释上的乏力。对比现实主义量化的物质性解释变量在解释国际体系演变中行为体具体行为的"精确性"和解释结果的可移植性，建构主义身份、观念和规范等定性解释变量解释力的"模糊性"和解释结果的不可移植性决定其只能做为行为体行为的补充解释内容。而现实建构主义并不存在建构主义的缺陷，其对行为体互动和无政府状态等的过分关注，并不意味着现实建构主义厚规范与认同而轻权力，事实上现实建构主义对物质权力的认同更加深刻。现实建构主义始终认为，即使身处由高层级规范与认同建构的国际体系中，权力政治依然是不可超越的，权力对国际体系的发展始终具有极大的影响力。[1] 虽然国际体系的权力结构基本是"基于利益考虑通过谈判约束性协议"[2]，但最终决定该协议方案及执行该方案的是行为体间的实力（权力）大小。换言之，虽然行为体间不同的认同将引导甚至改变行为体的行为，但影响甚至决定行为效果的是权力，权力大小最终决定行为体间的博弈结果。

基于以上分析，现实建构主义通过理论搭桥巧妙解决了

---

[1] 董青岭：《现实建构主义理论论述》，《国际政治科学》2008年第1期，第144页。

[2] 参见孙吉胜：《语言、意义与国际政治》，上海人民出版社，2009年版，第二章。

现实主义与建构主义的解释力有限的不足,并以权力与认同的互动解释国际关系问题。在现实建构主义学者眼中,国家身份认同实际就是对权力分配结果的认同,即对权力结构的认同。权力结构是国家权力斗争与权力分配的必然产物,是国家间政治经济实力的阶段性成果,代表了当时国家间的政治经济实力安排,得到权力结构内成员的普遍认同。得到认同的权力结构在下一个调整阶段前,因得到制度上和观念上的认可而具有影响国家行为的规范性作用。当国家间的实力对比发生严重改变时,在权力结构中处于高实力低层级的国家开始质疑自己的结构身份,进而质疑权力结构的规范性作用,致使权力结构协调权力与认同的规则功能减弱,权力结构因此再次进入周期性权力斗争和权力再分配阶段。其实,权力斗争构建了行为体所处的外部生存环境权力结构及观念结构,它们是权力斗争与权力再分配的阶段性成果,是行为体权力斗争妥协的表象,是行为体从量变到质变的身份建构结果,而国际体系通过权力结构和观念结构规范行为体的权力斗争行为。但是,当权力结构与观念结构的异步发展难以调和时,二者将重建行为体的身份认同,迫使行为体推动权力结构进行破坏性重组,因为"不存在没有构成过程的结构"①,"在国际体系中,不管是从多极到两极的关系结构演变,抑或是从中世纪到主权国家的规范演变,社会结构总是处在一个实践活动不断展开的生成过程之中。"②

基于权力与认同内涵的融合,以及"特定的权力结构可以影响特定规范结构的变动,反之,特定规范结构的变动也

---

① [瑞]让·皮亚杰著,倪连生、王琳译:《结构主义》,商务印书馆,2010年版,第13页。
② 朱立群、聂文娟:《从结构-施动者角度看实践施动》,《世界经济与政治》2013年第2期,第11页。

会影响特定权力结构的演变"[①],现实建构主义将权力与认同的关系研究应用于行为体在不同国际体系阶段的互动模式与国际政治文化的历史演变。[②] 其原理在于,行为体间的权力斗争与权力分配建构了国际体系的权力结构和观念结构,在由权力结构与无政府状态建构的国际环境里,行为体主体间的认同决定行为体的行为策略组合,包括行为体间的合作与竞争方式。可以预见,不同的权力结构与观念结构产生不同的主体间认同,并经由行为体的行为决定国际体系不同的演变方向。

第三节　群体性认同与国家集团

对于国际体系而言,国家间不同认同的形成基于主体间理解的差异性,尤其出现在权力再分配阶段,旧权力分配受益者成为旧认同与旧规范的坚决拥护者,也成为新分配方案受益者的主要斗争对象。因为权力资源的稀缺性与不可再生性,再分配的权力资源必然来自旧权力分配受益者,其与新分配方案的拥护者的冲突在所难免。因为旧结构的物质基础已经发生改革,权力再分配具有历史必然性,否则无法协调权力与认同的关系,反而会招致负面认同的报复。当负面认同构成主体间共享的理解时,拥有群体性认同的新兴国家集团随之形成,新旧群体性认同作为竞争性观念形成竞争性群体,并最终通过国家集团间互动的形式推动国际体系的发展。

---

① J Samuel Barkin, "Realist Constructivism", *International Studies Review*, Vol. 5, No. 3, 2003, pp. 325 – 342.

② Min - HuaHuang, "Constructive Realism: An Integrated IR Theory of Idea, Strategy, and Structure", paper prepared for presentation at the Annual Conference of the Midwest Political Science Association, Chicago, April3 – 6, 2003.

第一章　现实建构主义视域中的国际金融体系演变

作为一种认同感和归属感，集体认同对内是一个共同体社会的凝聚力所在，对外表现为区别于他者的边界性划分，从而向外界展现并被认可为一个统一体。① 当然，群体性认同并非一定代表斗争。群体内认同与群体外认同的差异性决定了国家集团内外行为的差异，也成为国家集团竞争与合作的根源。"在无政府状态和特定的权力结构背景下，国家的对外政策都是由其对特定结构的认同所决定的。"② 詹尼弗·斯特林－福尔克（Jennifer Sterling－Folker）认为，在无政府状态的权力结构下，群体内认同与群体外认同的互动是行为体制定行为策略的根本出发点。当各行为体之间的认同相互发生碰撞时，既可以导致行为体间的合作，也可以引发行为体间的冲突，这主要取决于认同被置于何种物质权力分配下。③ 正如温特所言，群体性认同是"一个价值中立的概念，它既可以表示为行为体间对朋友身份的积极认同，也可以表示为对敌对关系的消极认同，因此，基于群体认同构建的国家间关系既可以是合作性的，也可以是冲突性的。"④

在探讨国际体系的演变时，总是将行为体互动放入特定的权力结构与观念结构分析。在此需指出，现实建构主义吸收并完善了建构主义的整体主义方法论（methodology of holism），结合"结构化理论"与"互动关系"的理论视角重塑了结构与施动者之间的关系，提出结构论中的结构不一定是物质的、经济的、无法脱离行为体互动而独立存在的。在

---

① 高华：《北约欧盟双东扩：机遇、挑战和前景》，李慎明、王逸舟主编：《2005年全球政治与安全报告》，社会科学文献出版社，2005年版。
② Jennifer Sterling－Folker, *Theories of International Cooperation and the Primacy of Anarchy: Explaining U. S. International Monetary Policy－Making After Bretton Woods*, Albany, State University of New York Press, 2002.
③ 董青岭：《现实建构主义理论评述》，《国际政治科学》2008年第1期，第150页。
④ ［美］亚历山大·温特著，秦亚青译：《国际政治的社会理论》，上海人民出版社，2000年版，第287页。

施动者的关系上，结构与施动者相互构成，任何一方都不存在本体论上的优先性。温特就此曾呼吁："应给予施动者和结构同等的本体论地位"，[①] 并指出，结构所产生的最终作用总偏离施动者的意图，不可能还原到施动者层次。这意味着结构具有两种层次、两种作用。这两种层次是指宏观层次与微观层次。虽然宏观结构是由微观结构组合而成，但该过程不可逆。温特指出，任何社会体系的结构都基于两种层次构建，两种层次间难以区分且可相互使用。[②] 这意味着国际关系中一行为体的宏观结构可能成为另一行为体的微观结构，反之亦成立。推导而出，结构可能成为施动者，施动者也可能成为结构。例如，群体行为体对于结构成员来说是结构，对于群体外行为体而言是施动者。温特在国家与个人的关系中也提出类似观点，群体行为体实际上也是一种结构，一种能使个人实施集体行为的共有话语或知识结构。[③] 基于此，本书进而认为，包含众多个体行为体的群体行为体在国际体系的演变中起到决定性的作用。群体行为体因其特殊的行为体构成使其兼具两种层次的结构与施动者双重身份，并因此产生群体内与群体外双重互动行为，进而在行为体互动与体系演变中具有双重作用。在具体作用方面，作为结构的群体行为体首先建构成员行为体身份与利益，并通过观念与规范等机制进一步建立群体性认同。同时，通过多种机制控制群体内负面互动，促进正向互动的规范作用。随后，群体行为体又因对结构的认同作用再通过互动改革和加强结构。基于此，本书认为，群体行为体应该是这样一种国际行为体，它

[①] Alexander Wend, "The Agent–Structure Problem in International Relations Theory", p. 339.

[②] ［美］亚历山大·温特著，秦亚青译：《国际政治的社会理论》，上海人民出版社，2000年版，第四章。

[③] 同上，第272—273页。

第一章 现实建构主义视域中的国际金融体系演变

是指由个体行为体组成的,融微观结构(包括微观权力结构和微观观念结构等)于一体,具有结构与施动者双重身份的国际关系行为体。比如国家集团就是由国家行为体组成的,集文化结构、权力结构、规范结构等于一体的群体行为体。

作为推动国际体系发展的主要推动者,国家集团间的互动是预测和分析国际体系演变进程的核心要素。但在评估国家集团的互动影响时,必须先解决国家集团的身份问题,这主要包括两个方面:一是集团成员国的身份选择;二是国家集团的身份确认。

第一,成员国身份的自我选择。集团身份的出现并不必然意味着具有某种同样身份属性的行为体之间产生群众性认同。[1] 身份认知是一个利益相互渗透、交融的过程,集团身份可使行为体把他者的利益视作自我利益的构成部分,即使行为体具有"利他性"。[2] 当集团成员国在良性的集团结构中因为本国利益得到满足或者未被侵犯,其利他性增强且能够克服利己主义困境,并延伸自我福祉至包含他者福祉在内的程度,[3] 甚至让渡部分自利以达成集团利益。此时,成员国的利益偏好和政策偏好将表现出较明确的倾向性和稳定性,集团内部的权力斗争因此淡化,集团对外行为能力呈上升态势。反之,成员国的行为偏好将产生利己主义倾向,包括国际体系演变在内的外部环境调整将引导甚至改变集团成员国的对外行为。总之,集团成员的身份认定首先取决于成员国对集团利益分配的认同程度。成员国的身份选择还包括另一种情况,即多重成员身份的利益取舍。国家因其具备人的社

---

[1] 孙溯源:《集团认同与国际政治——一种文化视角》,《现代国际关系》,2003年第1期,第41页。
[2] [美]亚历山大·温特著,秦亚青译:《国际政治的社会理论》,上海人民出版社,2000年版,第287—288页。
[3] 同上,第380页。

会特性而拥有多重身份，其行为是被其多重身份所驱动的。[①]国家各身份之间存在或合作或竞争的矛盾关系，身份选择的决定基于各自对身份利益的价值判断。当身份之间存在竞争关系时，不同集团的物质权力诱惑和集团间的建构主义影响因素将直接影响行为体的价值判断，促使行为体做出二选一甚至多选一的最终决定，结果是弱化他集团的集团认同感，打击并影响他集团其他成员国的观念与认同。

第二，明确国家集团身份的认定。国家集团身份认定的难点在于，如何统计并衡量国家集团的政治经济实力，并与其他行为体进行对比。集团成员国参差不齐的政治经济实力水平致使国家集团的统计方法面临科学性和准确性的难题，在形成独立权威的统计机构和科学有效的统计方法前，国家集团的统计数据始终存在被高估或低估的事实，即集团实力无法被准确认定，导致国家集团本身及外界对集团的身份界定存在基础性障碍。实力评估的难处主要来自于"国家中心主义"的利己冲动和国际性的集团实力评估标准的缺失。前者导致集团成员国在提交评估数据时存在人为修改的利己主义倾向，即根据本国的内政外交需要进行技术性修饰，以期本国在集团内部和国际体系获得策略性优势；后者导致个体与集团行为体的身份认定被迫被少数几个经济政治指标所取代，国际体系中国家集团间实力的界定出现结构性混乱。集团身份的不确定性界定带来的后果是，集团对自身行为及国际形势误判的可能性增强，对国际体系权力结构动态调整的策略性应对行为的时间成本和物质权力成本增加，达成调整目标的成功率降低。

为解决身份问题，国家集团通过内部文化领域的交流与

[①] [美]亚历山大·温特著，秦亚青译：《国际政治的社会理论》，上海人民出版社，2000年版，第292页。

包容、经济领域的交流与互补、对外行为的一致性等方式建构群体文化认同、群体成员身份认同与外部认同，从而构建一个独立的国际关系行为体身份，统一国家集团的对外行为，以谋求国家集团的共同利益。以欧盟为例，在推进一体化进程中，欧盟通过积极加强文化认同、身份认同与制度认同，以及经济、政治、军事等一体化实现欧洲一体化设想，并最终成为当前世界认同度最高、执行力最强的国家集团代表。在国际体系的演变进程中，欧盟正成为主要行为体中最特殊的国家集团，并发挥重要的建构作用。

第四节　国际金融体系的现实建构主义理论适用分析

一、理论适用依据

现实建构主义关于在特定结构下国家集团互动决定国际体系演变的理论，完善了国际体系的演变研究。作为重要的国际关系理论，现实建构主义既然能分析相应的国际关系问题，理论上也应能分析国际金融体系。依据如下：

现实建构主义融合了结构现实主义的结构理论，而华尔兹在创设结构理论的过程中，很明显吸收了西方古典经济学的"市场结构—公司行为"的观念与分析方法，并将其从"外形到动力，从特点到过程，从现实到实质"内化为结构现实主义的"国际结构——国家行为"模型。[1] 当该模型被

---

[1] 王逸舟：《西方国际政治学：历史与理论》上海人民出版社，1998年版，第352—353页。

移植到国际政治时，华尔兹强调国际政治体系与经济市场是相似性，二者本质上都是自发产生的，都建立在自助的原则上。不同的是，政府干预经济市场的运行，因此，经济市场是在政府的管理下实现自助，而国际政治体系则因没有中央政府的管理而处于无政府状态。①

二战后的布雷顿体系实际是一种国际金融安排，是为最大程度地利用国际金融资源推动战后重建而创建的，它是围绕美国压倒性的政治、经济和军事优势而构建的一系列国际金融安排，"是由各国间的权力分配状况决定，因而也是一种国际金融的结构形式"②。国家为了实现自我的生存与发展，必然尽可能地提升自己的综合国力。这意味着，国家是国际金融体系中的自助行为体。而且，对于国际社会而言，国际金融体系是国际金融发展到一定阶段自发形成的制度安排。布雷顿体系虽然是二战后美国意志的产物，其诞生是基于以美国为首的西方大国的制度设计，但该体系所依赖和生存的国际金融环境却主要是自发形成的，尤其是后期以大银行、跨国公司和大型投资机构为代表的国际金融行为体的不断壮大，大大减弱了西方大国的干预能力，相应地使得国际金融体系的自发性日益增强。③

事实上，国际金融体系是国际（政治）体系在国际金融的政治投射，反映的是国际体系在国际金融舞台的权力政治斗争。二战后科技浪潮与全球化浪潮重塑了国际社会政治经济结构，改变了行为体互动模式，国家间互动由政治和军事互动为主逐渐转变为以经济政治为主，国际体系结构的主导权由霸权国逐渐转变为强国集团，国际社会也由此从国际政

---

① 刘巍中、施军：《从结构现实主义看国际金融体系》，《世界经济与政治》1998年第10期，第32页。
② 同上。
③ 刘巍中、施军：《从结构现实主义看国际金融体系》，第33页。

治体系转入国际金融体系主导的社会。

基于以上分析，本书认为，国际金融体系与国际政治结构或市场结构具有相当的相似性，因此，现实建构主义的理论也应该可以适用于国际金融体系的分析。

二、理论适用前提：权力政治的不可超越

要想将现实建构主义适用于国际金融体系的演变分析，必须先明白现实建构主义对国际金融体系的解释前提，即现实建构主义的核心主张。前文已提到，现实建构主义同结构现实主义一样，认为"权力政治的不可超越性"。在国际关系研究领域，国际政治通常等同于权力政治，二者在国际政治领域具有对等性。[①] 换言之，国际政治是在中央政府管理缺位的背景下运行，即国际体系是一个无政府体系。基于前文的分析，本书认为国际金融体系也属于无政府体系。"在这个体系中，作为单元的国家都是拥有排他主权的独立行为体，彼此之间不存在隶属关系，在它们之上不存在任何可以制定和实施法律、管理国际事务的超国家机构。国家之间虽然可以相互确定义务和缔结条约，但不存在一个拥有最高权力的权威来保障这些条约和义务的遵守与执行，并对违约者实施惩罚。在此情况下，国家若要实现生存与发展，就必须依靠自己的力量。因此，自助成为最根本的行为原则"。[②] 自助的根本保障是权力，在国际金融体系中，权力包括两个方面：联系性权力与结构性权力，前者直接来自国家的经济实力，后者是基于前者的制度性安排，它是由国家间互动建构的。同时，"权力依然起着决定性作用，权力既可以是手段，

[①] Martin Wight, *Power Politics*, London: Leicester University Press, 1978, p. 23.
[②] 杨光海：《论国际制度在国际政治中的地位和作用——与权力政治之比较》，《世界经济与政治》2006年第2期，第49页。

也可以是目的"①，国际金融体系在本质上也就体现为"权力政治"，即在不考虑观念、规则和价值等情况下，"权力既是国家对外政策的唯一制约因素，也是国家间关系的唯一决定力量"②。

现实主义关于"权力政治不可超越"的主张很好阐释了国际政治的本质，并得到了其他主流国际关系学派的认可，当然也就为融合现实主义与建构主义的现实建构主义所接纳。无政府状态对于国际政治结构，尤其是国际金融体系的意义在于，只要国际金融权力结构不发生根本性改变，国际金融的权力政治事实也不会根本改变。当然，纯粹的无政府状态的国际金融体系是不存在的。这也就意味着，虽然国际金融体系下冲突与竞争时常发生，但并不具有常态性。与国际政治相似，国际金融体系虽然也因中央政府的缺位而缺少对国家自利行为进行约束的长效机制，但并不妨碍国家基于共同目标的需要而达成自我约束的可能。③ 而且，国家发现如果按照国际金融体系的规则行事，并不一定会带来坏处，致使国际金融体系自发地形成一种类似于中央政府管理之外的有序运行状态，即国际金融体系是一种"准无政府状态"（quasi-anarchy）或"缓和的无政府状态"（mitigated-anarchy）。④

无政府状态之所以能达到某种程度的"有序"，国家间的冲突与竞争之所以能够得到某种程度的规范与限制，最根

---

① 杨光海：《论国际制度在国际政治中的地位和作用——与权力政治之比较》，《世界经济与政治》2006年第2期，第49页。

② 同上。

③ Kenneth A. Oye, "The Conditions for Cooperation in World Politics", in Robert J. Art and Robert Jervis, eds., *International Politics: Enduring Concepts and Contemporary Issues*, New York: Harper Collins College Publishers, 1996, p. 81.

④ Robert J. Lieber, *No Common Power: Understanding International Relations*, New-York: Harper Collins Publishers, 1991, pp. 356–357.

第一章 现实建构主义视域中的国际金融体系演变

本的原因是国际金融体系在国际金融交往中的规范作用。通过国际金融领域的相关法律、机制，尤其是国际金融组织等多种途径构建了国际金融体系的规范架构。架构的各部分通过相互联系、相互补充、相互照应的方式，组成国际金融体系调节国家间的金融往来，并保证自身的有序运行。但是，国际金融体系归根结底是国际金融的制度安排，是体现大国意志维护大国利益的工具，而国际金融体系作用的发挥却严重依赖大国的权力。换言之，权力政治始终优先于制度规范，即优先于国际金融体系的制度安排。从该意义上来说，国际金融体系的权力结构安排也是制度安排，也是权力政治的外在反应。因为国际金融体系的权力结构所反映的是各国在当时环境下基于自身及他国权力差异而接受的利益分配方案。[①] 它是由国际金融体系中的最强国（美国）创建的，其后续演变也得到美国的认可与支持。体系制度的出发点是保障大国的权益。国际金融体系的权力结构设计本身就是制度化的成果，也是为了保障大国利益的手段。也就是说，规范与权力并非同等重要，权力政治依然是不可超越的，这也就决定了规范的效果大小直接受到权力政治的制约。从另一个方面来说，规范的作用效果取决于规范的对象权力大小，即规范对权力大国的制约效果要远远小于对权力小国的制约。这也是国际金融体系与国际政治体系一样，权力斗争始终存在的重要原因。

但是，"权力政治的不可超越性"并不意味着制度不重要，事实上制度与权力之间相互建构，相互影响，相互制约。一方面，对于国际金融体系来说，权力结构的确立是以法律、规范和国际组织的多重架构确立的，是对权力分配的一种制度性确认和保护。权力政治的不可超越性使其必须顾及制度

---

① John J. Mearsheimer, "The False Promise of International Institutions", pp. 13–14.

的认同性,即在不危及本国的根本利益时,权力大国会尽量维护制度的尊严和作用。另一方面,制度是通过确立国家的行为规范来实现制约国家行为的目的。对于国际金融体系成员国而言,规范被视为需要他们参考和执行的准法律依据。这意味着规范应是多数意志的产物,是基于多数成员利益协调一致的结果。因此,大多数国家会自觉维护规范的权威性,保证规范的有效实施。

三、国际金融体系中国家的行为逻辑

对于国际金融体系而言,决定体系演变方向的是国家行为体的互动结果,而互动来源于国家不同对外政策的反复碰撞。现实建构主义认为,国家对外政策根源于权力与认同的关系。2002年,亨利·诺(Henry R. Nau)和理查德·里昂(Richard C. Leone)提出将权力与认同应用于美国外交战略,并指出认同与权力共同决定了美国的外交政策。[1] 在诺与里昂看来,一国的对外政策主要是基于该国在所处的国际体系中的物质权力分配(是否匹配)与认同分配做出的。[2] 事实上,现实建构主义以一种进程式的视角研究权力和认同的关系,提出"规则"是调和二者矛盾和连接二者的重要纽带。而且,现实建构主义有两个核心假设:一是国际政治是社会建构的产物;二是国际政治无法超越权力政治。[3] 至此可以看出,现实建构主义试图在现实主义和建构主义之间寻求融合,其基本理论包括两个方面:一是国家是国际社会的行为主体,国家间的互动建构国家的国际身份,国际身份的改变

---

[1] Henry R. Nau and Richard C. Leono, *At Home Abroad: Identity and Power in American Foreign Policy*, Newyork: Cornell University Press, 2002, p. xi.

[2] 董青岭:《现实建构主义理论评述》,《国际政治科学》2008年第1期,第146页。

[3] 焦兵:《现实建构主义:国际政治的权力建构》,《世界经济与政治》2008年第4期,第24页。

会影响国家对利益分配的认同,最终影响国家的对外政策;二是国际社会是权力分配的产物,其权力结构是通过国际社会的共有观念确立的。简言之,现实建构主义认为国际金融体系权力结构的基础是权力分配,但权力分配的实现依赖于国际社会共识的形成,而连接权力分配和国际社会共识的桥梁就是规则。即"特定的权力结构可以影响特定规范结构的变动,反之,特定规范结构的变动也会影响特定权力结构的变迁"①。

从这一理论出发分析现有的国际金融体系会发现,当物质权力分配与认同分配改变的时候,各国对外政策也会随之产生变化,从而对国际金融体系的发展方向产生影响。需要强调的是,物质权力分配的产物是权力结构,而国际金融体系中的物质权力主要是指经济实力。因为一个国家可以通过政治、军事等手段介入国际金融,也可以在一定时期通过扭曲其在国际金融结构中的位置而获利,或对他国形成利害冲突,但它不能在较长时期中以国际金融为工具获得更多的收益或保持既得的利益。② 因此,体系权力分配的最终结果应该是服从于经济实力差异的权力结构。一旦经济实力对比发生重大改变,权力结构理应随之发生相应的改变,因为权力结构的创立和发展是为了体系权力的分解与制衡,是在道德约束、理念约束的基础上,"以权力约束权力"③,"形成一个相对稳定、相互制约、协调平衡的权力结构,从而防止滥用权力,有效控制权力,……而物质权力结构存在于相应的社会形态之中,并由生产力高度和经济基础所决定,在体系中

---

① J Samuel Barkin, "Realist Constructivism", *International Studies Review*, Vol. 5, No. 3, 2003, pp. 325–342.
② 刘巍中、施军:《从结构现实主义看国际金融体系》,《世界经济与政治》1998年第10期,第34页。
③ [法]孟德斯鸠著,张雁深译:《论法的精神(上)》,商务印书馆,1959年版,第184页。

表现为客观的经济实力结构。权力结构如果超越或者滞后于生产力状况和经济基础,必然会出现不适应性、不协调性、不耦合性的'病变'甚至'癌变',必须会受到客观规律的惩罚。"① 也就是说,权力结构是协调权力与认同的纽带,国际金融体系通过权力结构来实现权力制衡,从而强化各国对权力分配的认同,进而产生体系权力结构的权威性,增加各国服从体系治理的可能性,最终达到维护权力结构相对稳定、体系职能有效发挥、国际金融健康发展的目的。而经济实力的改变,势必引起权力结构同步改变的需求。当这个需求不被满足时,对权力分配的认同就会降低,体系治理的正当性和权威性便会下降,体系的生存就面临严重挑战,体系的改革进程便被启动。

前文提到,斯特林·福尔克认为,在无政府状态的国际环境下,国家行为体的行为均由国际社会所共享的主体间理解所决定的,换言之,认同实际是受到国际环境以及行为体所在国际组织(体系)的共同影响。因此,"认同"也就是"行为体对其身份、利益及国际角色的综合理解。当行为体间的认同交互时,既可能带来合作也可能导致冲突,而这又主要取决于认同被置于何种物质权力分配之下。"② 换言之,认同所带来的国家关系的改变首先依赖于物质权力分配环境,即权力结构。在权力结构中,不同的认同理解将直接影响甚至主导国家的外交政策。而且,国家的行为结果,即合作或对抗的最终走向取决于权力对抗的结果。因此,为了争取他国的支持、保证本国外交政策的稳定实施,国家首先要创造有利的权力结构,其次是建构合作而非对抗的认同。而且,

---

① 李永忠、董瑛:《苏共亡党之谜:从权力结构之伤到用人体制之亡》商务印书馆,2012年版,第236页。
② 董青岭:《现实建构主义理论评述》,《国际政治科学》2008年第1期,第150—151页。

现实建构主义强调权力对结果的决定性作用，即认同所带来的合作或冲突的结果是由权力斗争的结果所决定的。

因此，结合前文所提的现实建构主义学者的理论共识，本书提出观点如下：行为体所处国际金融体系的权力分配与认同分配决定其对外政策，而行为体在国际金融体系权力结构中的互动推动了体系的演变，其演变方向最终取决于行为体间，尤其是国家集团间权力斗争的结果。可以看出，决定体系演变方向的主要有两个因素：权力结构与互动行为。对国家和国家集团而言，其对外政策是由权力分配与权力认同共同决定的，而体系演变方向也很大程度上决定于权力结构，可见权力结构作为其对外政策的改革目标的必要性与必然性。国家和国家集团通过改革金融体系权力结构可以达到影响其他国家行为体的对外行为，甚至改变金融体系演变方向的目的。换言之，国际金融体系改革的核心是体系权力结构改革。虽然国家和国家集团在同一权力结构中因认同的差异会表现出各异的对外行为，但其根本目的都在于改革权力结构，实现自身金融权力的强化，并在最终的体系演变方向上占据优势地位。

第五节　国际金融体系改革的阻力：组织惯性

一、组织惯性的概念及影响

（一）什么是组织惯性

组织惯性是企业管理中的理论术语，主要运用于企业的变革研究。1963 年，理查德·赛耶特（Richard M. Cyert）和詹姆斯·马奇（James G. March）提出企业组织生活中充满"惯性"[①]。此后，惯性概念成为20世纪80年代以来企业组织理论与战略理论的重要组成部分，它主要被用来描述组织结构与组织行为的一致性趋势，这种一致性体现着相对稳定的发展趋势，或者以某种模式重复运营的行为。惯性理论认为，组织惯性是组织的一种自我保护机制，它是组织维持自身稳定，抵御外来冲击的一种自然反应，通常表现为组织的思维惯性和行为惯性。每个组织都受到固有惯性的影响，当组织面临环境改变和内部要求变革的冲击时，组织战略和组织结构很难实现根本性变革。[②] 这并非否认组织变革的可能性，而是指组织在面临外部环境的威胁和机遇时，变革进程缓慢且效率低下。一般而言，组织惯性来源于"结构惯性"与"竞争惯性"。

组织的结构惯性（Structural Inertia），又称为组织的内部惯性，它是指组织在结构、政策和管理理念中的惯性，它是旨在解释组织变革的内在逻辑。结构惯性理论认为，随着企业的发展壮大，企业自然会产生各种结构系统以维持企业的稳定与发展。这些结构系统根植于企业的所有角落，通过不断的互动与演变成为企业赖以生存的内在逻辑，推高组织的变革成本与阻力。这种内在逻辑就是结构惯性，"它遍及组织的结构系统与流程之中，受组织结构系统的模式、复杂性和相互依存关系的影响"[③]。

组织的竞争惯性（Competitive Inertia）是指组织在改变本身的竞争态势时所展现的活动的层次，它反映的是企业在

[①] Richard M. Cyert and James G. March, *Behavioral Theory of the Firm*, New Jersey: Wiley–Blackwell, 1992, p. 55.

[②] Ibid.

[③] 赵杨、刘延平、谭洁：《组织变革中的组织惯性问题研究》，《管理现代化》2009年第1期，第40页。

试图获得竞争优势时所做出的市场导向的变化程度。丹尼·米勒（Danny Miller）和陈明哲（Ming – Jer Chen）认为，组织竞争惯性应包括战略性行为与战术性行为。"前者包括战略联盟、兼并与收购、主要设施扩张和提供重要的新服务或新产品。后者包括广告促销、价格变化以及产品与服务的渐近调整"。当市场中缺乏相似规模的竞争者时，可推定为竞争惯性较高，反之较小。换言之，企业对环境变化所做出的反应大小及次数多少反映其竞争惯性的强弱程度。[①]

（二）组织惯性对企业变革的影响

组织惯性的影响首先反映在组织变革上，进而对企业变革产生方向性影响。因此，组织惯性对企业的意义在于其是否真正推动了组织的变革。组织惯性的影响表现为结构惯性的影响与竞争惯性的影响。

1. 结构惯性的影响

一般而言，结构惯性是正式组织区别于非正式组织的重要判断依据，它使组织的结构具备再生性与稳定性，这两种特性主要来自于正式组织明确的制度、目标和标准的活动模式。这些因素是维持组织结构稳定与结构再生的内在动力，也是组织面对变革压力时弹性大小的重要保证。事实上，这些因素的实施机制来自于组织成员为维护自身利益的本能反应，因为组织成员需要借助这些因素对组织利益无偿或低成本占有。对于组织而言，组织成员对利益的重视程度决定其维护和增强组织结构惯性的动力大小，因此，组织结构的改革事实上取决于组织中变革者与维护者的斗争结果。

2. 竞争惯性的影响

组织竞争惯性的强弱是组织面临生存环境改变时战略调

[①] 赵杨、刘延平、谭洁：《组织变革中的组织惯性问题研究》，《管理现代化》2009年第1期，第40页。

整的重要判断依据。与结构惯性类似,竞争惯性也同时具备维护组织稳定与抵制组织变革的双重作用。一方面,如果组织所处环境长期未发生重大改变,那么组织一般会根据经验适用之前的发展战略,此时竞争惯性的作用便体现为维持组织战略稳定,避免新竞争从而节约组织维护和发展成本。另一方面,如果企业的外部环境发生重大改变,即突然过渡到动态环境中,要求企业进行组织变革时,竞争惯性将成为变革的巨大阻力。如果此时企业依然根据旧经验沿用老战略,企业的战略框架可能与新环境不相适应,而管理者盲目抵制变革的行为更是增强了企业的变革阻力。

二、国际金融体系中的组织惯性

国际金融体系是建立于各种国际金融组织之上的制度化产物,它在制度设计、结构组成和运营方式方面与企业具有高度相似性,这决定了国际金融体系在变革方面与企业存在相似的问题,因此,组织惯性理论也应适用于国际金融体系。

作为国际金融的制度化产物,国际金融体系伴随国际金融的发展而演变,金融体系内部的国际组织也在发展中逐步稳定与成熟,其组织惯性也因此在金融体系的演变中发挥着作用。金融体系演变的缓慢性正是来自于其内部组织惯性的强力阻碍,来自于结构惯性与竞争惯性的共同作用。当然,虽然金融体系内部组织数量众多且关系复杂,但真正决定金融体系发展的组织依然是有限的,而它们才是决定金融体系演变方向的核心力量,本书所探讨的组织惯性也主要是针对这些核心组织。

组织惯性是维护国际金融体系稳定运行的内在属性,它会随着国际金融体系的不断完善而强化,同时减弱霸权国对国际金融体系的影响力。换言之,组织惯性是推动国际金融体系更加成熟的内生动力。对于国际社会而言,组织惯性是推动国际金融体系脱离霸权国掌控，实现国际金融体系权力结构合理化的机制力量。在建立之初，霸权国作为国际金融体系的主要创始国，在金融体系内部拥有无可匹敌的金融霸权，组织惯性的影响并不显著，霸权国的意志基本就等于组织惯性。但是，随着国际金融体系机制的日益完善，主要国际金融组织发展日益成熟，组织惯性的强度也随之增强，霸权国的霸权地位逐渐被组织惯性所消减。但是，除非金融体系被根本性颠覆，否则霸权国依然是金融体系中权力结构最大的一"级"，其原因是金融体系最初的组织设计本来就是围绕霸权国利益服务的，组织惯性的强化过程实际也是组织设计方案的实现与固化过程。该过程与霸权国权力消减并不矛盾。确切地说，霸权国在组织建立之初为了得到其他国家的支持，已经在设计方案上自觉对本国霸权进行了制度性的约束，但因组织力量过于弱小而无法真正实施。随着组织的日益成熟与完善，这种制度性力量得到真正释放，才使得霸权国成为制度的制约对象。这种制约是对霸权国的单独制约，却并不妨碍其通过国家联盟来实现对组织力量的制度性突破，典型例子就是后来的七国集团（G7）。

从内部而言，组织惯性对于国际金融体系的意义主要通过其对成员国利益的影响得以体现。简单地说，组织惯性是成员国利益分配方案妥协的产物，因此，也成为成员国自觉维护的对象。但是，利益分配方案只是阶段性妥协的产物。当利益分配方案不能覆盖所有内容时（包括对原利益分配方案结果衍生出的新利益和当时方案并未涉及到的内容），失利一方必然会对组织惯性产生不满，并由内推动组织变革。这种变革是对组织结构与观念的内生性挑战，主要作用于结构惯性，而非竞争惯性。

从外部来说，组织惯性主要反映为国际金融体系的外部竞争压力，这种压力来自于其他国际金融组织，甚至其他国际金融体系的竞争。一般而言，其他国际金融组织是针对国际金融体系部分职能的挑战，很难引发后者的根本性变革，但却可以促进后者的自我完善，该过程一般较为缓慢。而其他国际金融体系却能对国际金融体系形成根本性的竞争压力，两大金融体系作为同等级的竞争对手存在消除彼此国际地位和国际权力的影响力，并有可能形成打击甚至吞并对方的能力。总之，国际金融体系外部的竞争压力将严重影响其竞争惯性，是其进行被动变革甚至主动变革的重要因素。

三、组织惯性对国际金融体系演变的启示

组织惯性是固化国际金融利益（权力）分配、维护既得利益国家权益的根本原因，也是阻止国际金融体系变革的根本原因。对于失利的一方而言，要想推动国际金融体系的演变，只需要突破国际金融体系的组织惯性便可。具体而言，就是从内部瓦解金融体系的结构惯性，从外部瓦解金融体系的竞争惯性。这要求变革者，首先必须是金融体系的成员国，只有这样才能以合法的形式从内部阻断组织的结构惯性，破坏组织的再生能力，并推动组织结构的再塑造。因此，变革者理应具有与组织维护者相近甚至更多的权力，只有这样才能真正将组织变革的议案转变为真正的行动。对于变革的一方而言，打破国际金融体系竞争惯性的最佳方式就是塑造其外部竞争对手，从而增强国际金融体系自我调整的幅度与次数，以达到变革金融体系的目的。

但是，组织惯性也有例外因素。以竞争惯性为例，当其竞争对手与其不处于同一层级时（竞争对手规模过大或过小），国际金融体系的竞争惯性将大大超出它的正常水平。如果竞争对手规模过小，国际金融体系自我调整的可能性就不会太大，即竞争惯性会保持不变甚至更强；如果竞争对手规模过大，国际金融体系可能会放弃其在金融层面的对抗行

第一章 现实建构主义视域中的国际金融体系演变

为,竞争惯性同样不会发生太大改变。还有一种可能,即虽然双方在规模与实力上相当,但因特殊原因并不处于严格的竞争关系,竞争惯性依然可能处于静态,典型的例子就是布雷顿体系与经济互助委员会。

另外,将组织惯性理论与现实建构主义理论结合不难发现,二者为国际金融体系改革研究提供了完整的解决思路。组织惯性是权力分配与认同分配固化的结果。对国际金融组织主导者和既得利益者而言,他们是当初组织权力斗争的获胜方,认同组织权力分配方案,组织惯性是他们维护自身利益的系统属性,是保护组织免遭变革的天然屏障。对于组织变革者而言,他们并非真正认同权力分配方案,当前的权力结构是他们权力斗争失败后与获胜方暂时妥协的产物。组织惯性是阻碍他们推进组织变革的最大阻力。因此,改革国际金融体系实际就是金融体系成员国权力斗争的过程,是以新认同代替旧认同从而降低组织惯性的过程。

第二章 战后国际金融体系演变的历史进程

第一节 国际金融体系及阶段性研究

一、国际金融体系的内涵

对于国际金融体系的划分将有助于本书后面章节论述的展开，但要合理划分，就需要先对国际金融体系进行合理定义。虽然国内外对国际金融体系的内涵并未达成普遍共识，多数学者主动回避对其进行明确定义，甚至为了方便将其粗略地等同国际货币体系，但也有学者认为，国际金融体系是比国际货币体系拥有更宽泛理论外沿的概念。[1]据此，相关学者提出：国际金融体系"主要是由国际货币、跨国金融企业集团、国际金融中心、国际金融组织和国际金融重大问题协调机制等构成。国际金融体系在促进经济、金融全球化，服务于全球经济的交流和合作，维护全球金融稳定中发挥着越来越重要的作用，也可以称为现代全球经济的核心。"[2] 当

---

[1] 萨奇：《国际金融体系的定义》，《经济研究参考》1999年第65期，第45页。
[2] 戴相龙：《认识国际金融体系》，《中国金融》2013年第17期，第9页。

第二章 战后国际金融体系演变的历史进程

然,定义是跟随其历史作用而不断更迭的,而国际金融体系功能定位始终着眼于当时的国际金融健康稳定发展。无论是1945年开始的战后重建,还是1997年的亚洲金融危机,亦或2008年的美国金融危机,当时的国际金融体系都恰当发挥了战后或灾后的重建与稳定工作,其职能也只有在战后或者灾后才最具正当性。而在和平稳定年代,国际金融体系的作用则是为了稳定与开拓国际金融的发展,促使全球金融体系的一体化进程,造福全人类。

当然,国际金融体系的职能定位也曾因具体原因而产生细微差别,并作用于当时的国际体系。随着科技与全球化进程的大幅推进,国际经济与金融在国际体系变迁中扮演越来越重要的角色。尤其是在二战后,国际社会对战争的恐惧在全球范围内根植了反战文化,虽然偶尔还爆发地区冲突,但国际社会普遍对爆发第三次世界大战等全球性质的战争充满恐惧与怀疑,导致政治与军事议题在国际关系中的地位逐渐退居其次,以经济(金融)外交和文化外交为代表的国际交往形式日益兴盛,国际金融体系也因此日益超越议题成为国际关系的主流研究对象。

二、主流的阶段划分方案

虽然国际金融体系并不完全等同于国际货币体系,但鉴于国际货币在国际金融体系发展中的重要性,国内外学界大致认可将国际货币作为国际金融体系的划分依据。一般认为,国际货币主要经历了金本位制(1870—1914)、空位期(1914—1944)、布雷顿体系(1944—1971)和无浮动利率的汇率制(1971—)四个阶段。[1] 基于此,许多学者认为国际

---

[1] 王正毅、张岩贵:《国际政治经济学:理论范式与现实经验研究》,商务印书馆,2003年版,第343页。

金融体系主要经历了三个时期,即金本位制(1870—1914)、布雷顿体系(1944—1971)和牙买加体系(1971—)。①

本书认为,国际主流的分段方法尚存在可商榷之处,国际货币体系与国际金融体系的发展并非始终一致,二者不应混淆。近代以来,国际货币体系作为国际金融体系的核心部分,其历史命运与国际金融体系越来越紧密,但并不代表二者的阶段性划分一直形影不离,尤其是国际社会对二者的内涵界定并不始终一致。诚然,当前的国际货币体系在组织架构、运营方式和决策机制等方面确实与国际金融体系高度重合,但在过去并非如此。以金本位制为例,金本位是在原拉丁货币联盟(LMU)的基础上缓慢发展起来的,但同时期的国际金融体系并没有同步建立。1867年,在巴黎举行的国际货币会议上,各国代表同意在原LMU的基础上,建立金本位制(接纳成为国际货币机制)。②"与会代表相信,这样一种货币将会增强各国之间贸易交往中的硬币交换能力,而且也将简化汇率计算、便利国际货币合作。"③虽然由传统货币转

---

① 相关内容可参考保罗·R.克鲁格曼、茅瑞斯·奥伯斯法尔德著,黄卫平等译:《国际经济学:理论与政策》,中国人民大学出版社,2011年版,第479—594页;王正毅、张岩贵:《国际政治经济学:理论范式与现实经验研究》,商务印书馆,2003年版,第343—349页。邝梅:《国际政治经济学》,中国社会科学出版社,2008年版,第189页。罗伯特·吉尔平更是将国际货币体系分为六个阶段,即硬币时代、政治货币时代、传统的金本位制(1870—1914)、英国领导权结束和美国领导权确立之间的空位期(1914—1944)、布雷顿体系(1944—1976)以及无体系的弹性汇率(1976—),详见[美]罗伯特·吉尔平著,杨宇光译:《国际关系政治经济学》,上海世纪出版集团,2011年版,第111—140页。

② [美]弗雷德里克·皮尔逊、西蒙·巴亚斯里安著,杨毅、钟飞腾、苗苗译:《国际政治经济学:全球体系中的冲突与合作》,北京大学出版社,2006年版,第164页。

③ Angela Redish, "The Latin Monetary Union and the Emergence of the International Gold Standard", in Michael Bordo and Forrest Capie, *Monetary Regimes in Transition* (Cambridge: Cambridge University Press, 1994), pp. 68 - 72; A. G. Kenwood and A. L. Lougheed, *The Growth of the International Economy*, 1820 - 1990 (London: Routledge, 1992); L. Yeager, International Monetary Relations: *Theory, History and Policy*, New York: Harper and Row, 1976.

第二章　战后国际金融体系演变的历史进程

向金本位制费时费力，但由于金本位及其所带来的自由兑换制度加速了支付的标准化进程，以及增强了国家间贸易来往，所以即使部分国家在一战后试图隐藏本国黄金储备，但还是接受了这种货币制度。[①] 但是，这并不代表金本位制就等同于国际金融体系。当时的国际贸易往来受到科技、货币和安全等多方面制约，建立金融交往的国家数量有限，金融往来的质与量都远未达到国际金融体系的规模。第二次世界大战后，得益于科技的爆炸式发展和战后重建的旺盛经贸需求，以及国际社会爱好和平的主流声音，国家间的金融往来呈现出井喷之势，相应的国际金融组织、国际货币机制、国际金融中心和国际金融法律等配套机制也随之增加和完善，真正意义上的国际金融体系因此诞生。因此，本书认为，套用国际货币体系的分段依据来划分国际金融体系的做法是不合适的，国际金融体系的阶段性划分应该是在二战以后。

而且，"传统三段论"式的划分依据依然难以令人信服，或者说金本位制并不能算做严格意义上的国际金融体系阶段，不应该被纳入国际金融体系阶段性的划分范围，原因有二，一是金本位制只是一种货币国际化进程，而布雷顿体系是完整的国际金融体系构建。金本位制是英国基于其经济霸权而推动的货币国际化进程，是一国经济霸权在货币上的政策投射。该政策并未像布雷顿体系那样通过布雷顿森林会议的形式形成国际规范，只是顺应国际货币发展规律的国家推动行为。而且，金本位制真正为主要大国所接受和实施用了近30年的时间，更加印证了金本位制只是一种货币发展进程，是单纯的国际货币制度的安排，而非国际金融体系。布雷顿体系则不同，它是在1944年由44个国家共同签署制定，1946

[①] Jeff Madura, *Financial Institutions and Markets*, Georgetown: South Western College Publishing, 2005, pp. 21–22.

年正式生效的国际规范性协议的产物,从推出到确立国际金融体系地位不到两年。而且,它是战后重建的金融合作平台,得到国际社会的广泛认可与支持。① 二是布雷顿体系拥有完整的制度规范保障,它是由包括国际货币、国际金融组织、国际金融参与者和国际金融协调机制在内的一系列国际金融安排,而金本位制则远未达到这种层次。从这个角度来说,布雷顿体系是协调国际经贸往来的重大制度创新,是解决战后国际金融问题的系统化方案,远非金本位制可以比拟。

当将金本位制从研究对象中剔除后发现,研究二战后的国际金融体系更加恰当。因为二战后政治、文化和经济等元素在国际上流动更加顺畅,国家间的交流与合作成为主流,国际金融体系的价值及影响力也得到全球范围内极大的认同与贯彻。因此,美国学者比伦特·格卡伊(Bülent Gökay)与达雷尔·惠特曼(Darrell Whitma)在 2010 年 7 月号刊的《社会主义和民主》上提出了"新三段论":即布雷顿阶段(1944—1971)、"石油美元"阶段(1973—1993)和新自由主义化的资本主义全球化阶段(1993—至今)。同时,比伦特与惠特曼还指出,虽然当前世界还处于第三阶段,但 2008年的金融危机正预告第三阶段的尾声和终结。②

比伦特与达雷尔对国际金融体系的划分实际上是对布雷顿体系的阶段性划分,即默认二战以来的国际金融体系只是布雷顿体系的演变,本书对这点持认可态度。应该说,由美国倡导并建立的布雷顿体系是 18 世纪 60 年代英国工业革命以来,国际金融领域最为优秀的制度设计。它延续并发展了英国的金融霸权特性,并借助完善的金融组织、国际货币和

---

① C. M. Meissner, "*A New World Order*: Explaining the Emergence of the Classical Gold Standard, " NBER Working Paper Series, No. 9233, 2002.

② [美]比伦特·格卡伊、达雷尔·惠特曼著,房广顺、车艳秋译:《战后国际金融体系演变三个阶段和全球经济危机》,《国外理论动态》2011 年第 1 期,第 14 页。

国际政治制度，形成了真正的国际金融体系文明。虽然在其后的国际金融发展过程中，该体系的弊端逐渐显露，但借助美元的国际货币地位和美国在世界银行（IBRD）与国际货币基金组织（IMF）等核心组织的主导地位，以及众多发达国家主动或被动的持续驰援，使得这套制度一直得以正常运转，而发达国家则从中攫取巨大的政治和经济利益。

三、本书的阶段划分方案

基于以上分析，本书认为国际金融体系分段线索应主要围绕布雷顿体系的发展脉络，同时结合各阶段不同的国际金融环境与重大金融事件而展开。在现实建构主义的理论视角下，本书认为国际金融体系的划分依据应确定为国际金融权力的规模化再分配，即以国际金融体系的金融权力结构的重大改变为根本依据。而国际金融体系的权力结构的重大改变实际正是美国和苏联金融权力的让渡史，其标志性事件是20世纪70年代牙买加会议确立的牙买加体系、20世纪90年代初的苏联解体，以及2007年诱发国际金融动荡的美国次贷危机。这些重大的历史事件均是国际金融体系权力结构重大改变的标志，本书结合比伦特·格卡伊和达雷尔·惠特曼的"新三段论"分段法，提出关于二战后国际金融体系的分段安排："黄金美元"阶段（1944—1971）、"石油美元"阶段（1973—1993）、"全球金融"阶段（1993—2006）和"共同体"阶段（2007—至今）。在此需要说明的是，为了满足国际金融体系研究的需要，本书将冷战划分为两个时间段，即1945年至1971年的"黄金美元"阶段和1973年至1993年的"石油美元"阶段。这种划分虽然与传统方法有一定的差异，也并不失为一种新的尝试。二战后的国际关系逐步由军事对立转移到政治与经济的竞争与合作，尤其是跨国界跨领域的经济合作日益模糊国家界线，并对传统的国际政治体系形成了一定的影响。同时，不可否认的是，从经济的视角重新看待国际政治体系的发展也是可以接受的。

下面本书将运用前文所提的现实建构主义分析理论对这几个阶段的演变展开系统分析，以期找出国际金融体系变迁的规律、经验和教训，推动当前国际金融体系的改革进程。

第二节 "黄金美元"阶段（1944—1971）

一、战后国际金融局势

"黄金美元"阶段是布雷顿体系的起始阶段，它为国际社会带来了真正意义上的国际金融体系。"黄金美元"阶段建立在英国于18世纪初创立的金本位制基础之上。在布雷顿体系建立之前，金本位制已经在国际金融史上延续一个世纪之久，在国际社会得到广泛认可，并融通了国家间的货币障碍。

1944年，来自全球44个国家的代表在美国新罕布什尔州的布雷顿森林举行会议，会议采纳了凯恩斯的自由主义设计，起草并签署了《布雷顿森林协定》。布雷顿森林会议产生了两大主要机构：世界复兴开发银行（IBRD）与国际货币基金组织（IMF）。前者的创建目的是帮助成员国在战后复兴经济，协助原殖民地国家发展国内经济和实现工业化。后者则为以美元为中心的国际货币体系的建立和发展奠定组织基础。二者的共同目标是为"建立一种国际货币体系以实现国内充分就业和价格稳定，并促使各国在不限制国际贸易的条

第二章　战后国际金融体系演变的历史进程

件下实现外部平衡。"[1]

从权力角度看,《布雷顿森林协定》正值美国和苏联瓜分全球金融权力的关键期,历史上从未出现能够瓜分国际金融权力的超级大国,而美苏的崛起改变了这一情况,并侧面推动了经济全球化进程。一般认为,"一定程度上的非相合性是可以接受的,甚至是有帮助的"[2],它可以产生一定的制度空间缓冲内部矛盾,推动治理结构的自我成长,同时也会抬高治理结构转型的成本。当时,世界政治经济格局发生了深刻的变化,欧洲的普遍衰落与美苏的强势崛起形成巨大反差。美苏的异军突起,尤其是作为资本主义新贵的美国在欧洲普遍衰落,英国基本丧失国际金融主导权的情况下,凭借经济、政治和军事优势承担战后重建的领导工作,意图主导国际金融的发展,确立自己在资本主义世界的霸主地位,为即将到来的美苏争霸做好物质准备。

1945年,罗斯福逝世后,围困在柏林的希特勒和戈培尔所热盼的"勃兰登堡王朝奇迹"[3]并没有重演,纳粹德国崩溃造成的权力真空重构了国际体系的权力格局,法西斯与反法西斯两大阵营的对峙因失去物质权力的支撑而失去意义,反法西斯阵营的的认同基础消失,战时同盟国伙伴关系解散,同盟国的国家观念开始分化:英国极欲阻止苏联控制东欧,苏联则希望扩充领土,而美国希望维持罗斯福时期的做法,维护盟国的合作关系。但是,当杜鲁门总统结束一届任期时,

---

[1] [美] 保罗·R. 克鲁格曼、[美] 茅瑞斯·奥伯斯法尔德著,黄卫平等译:《国际经济学:理论与政策》,中国人民大学出版社,2011年版,第479—594页。

[2] 白景坤:《组织惰性视角下组织变革对企业的持续成长影响研究——以柯达公司历史上的5次重大组织变革为例》,《财经问题研究》2014年第11期,第120页。

[3] [美] 亨利·基辛格著,顾淑馨、林添贵译:《大外交》,人民出版社,2010年版,第406页。所谓勃兰登堡王朝奇迹是指德国七年战争期间,在俄军已兵临柏林城下之际,俄皇突然驾崩,即位的沙皇素来对德友好,腓德烈大帝因而免于覆亡的故事。

战时盟国关系已经不复存在，美苏已经在欧洲事务上相互对抗。① 总之，反法西斯阵营的联盟关系因为外部竞争者的消失而崩溃，进而影响到阵营的内部认同关系。但是，二战在参战国的国际观念上造成的影响早已根深蒂固，并经由科技浪潮的传播技术在全球范围内形成一定的国际观念认同，该认同主要包括以下两个部分：

第一，反战与和平的观念深入人心。

20世纪发生的两次世界大战，改变了国际政治经济格局，至今影响世界上绝大多数国家的发展。关于两次大战发生的深层原因，从本质上看，是由于不合理的国际政治经济格局造成的；从发展的角度来说，国际结构反映国家间的实力分布，当实力差距严重改变，无法支撑国际结构的平衡时，体系的崩溃与调整就必然发生。

与一战不同的是，二战是人类文明发展史上的巨大悲剧，是科技文明妖魔化的重要佐证。二战时科技革命所带来的武器更迭极大地强化了战争的破坏性，核武器和生物武器等的巨大杀伤力促使国际社会反思战争的意义，战争给世界带来的毁灭性打击，为战后的和平与发展观念奠定了基础，并逐步成为国际社会的共识。

和平与发展并非一蹴而就。"1928年8月27日订立的《关于废弃战争作为国家政策工具的一般条约》（简称《巴黎非战公约》），禁止用战争作为推行国家政策的手段，第一次从法律上明确否定了'战争权'的合法性。"② 虽然《非战公约》并没有阻止二战的爆发，但却因二战对世界的伤害使其

---

① ［美］亨利·基辛格著，顾淑馨、林添贵译：《大外交》，人民出版社，2010年版，第406页。所谓勃兰登堡王朝奇迹是指俄德七年战争期间，在俄军已兵临柏林城下之际，俄皇突然驾崩，即位的沙皇素来对德友好，腓德烈大帝因而免于覆亡的故事。

② 杨和平：《第二次世界大战与战后和平》，《西华师范大学学报（哲学社会科学版）》2006年第5期，第59页。

真正得到世界范围的广泛认同。并且,《非战公约》作为证明审判二战战犯及定性二战性质的直接法律依据发挥了重要的作用。国际社会正是借助《非战公约》对战犯进行了公正、合理的审判与惩办,对参战双方的战争性质进行合法定性,并因此得到国际社会的价值认同。

对二战性质的认定只是表达对反战的价值认同,国际社会需要更加明确的国际制度来确保国际社会的广泛和平。1941年8月14日,英、美两国签署《大西洋宪章》,提出建立"广泛而永久的普遍安全制度"。1942年1月1日,对法西斯宣战的26个国家在美国华盛顿签署《联合国家共同宣言》,奠定了建立维护世界和平的国际机构的观念基础。1943年10月30日,中、美、苏、英四国外长在莫斯科签署《莫斯科宣言》,确定战后建立普遍性的国际安全组织的基本原则和方针,该宣言后来成为建立联合国的指导精神。在1945年召开的旧金山制宪会议上,50个与会国家在之前确定的敦巴顿橡树园会议方案、雅尔塔协定以及各国提出的修正案基础上制定了《联合国宪章》,最终推动联合国正式成立。

联合国是在国际联盟的基础上成立并发展的,其宗旨仍然是维护世界和平。与国际联盟相比,联合国在规章制度和执行能力方面均有显著增强。例如,宪章第103条规定,"联合国会员在本宪章下之义务与其依任何其他国际协定所负之义务有冲突时,其在本宪章下之义务应居优先",即"宪章优先原则"。这一规定使宪章构成了一般国际法规则的例外。该规定突破了国际条约中后条约一般优先于先条约的精神,确立了宪章在所有国际条约中的优先地位,从而保证会员国间缔结的任何协定所产生的义务不能超越宪章规定的义务。基于各种"优先"原则,联合国宪章的普世价值观得到世界各国的普遍认同,并在过去的几十年里通过了无数旨在维护世界和平的决议。这些决议所构建的和平观念成为维护战后和平果实的重要依据,并经由成员国遵守与贯彻。①

第二,战后重建成为各国的首要目标。

二战是世界第二场全球规模的战争,波及61个国家和地区的20多亿人,战争覆盖面积2200万平方千米,"军民伤亡1亿多人,消耗军费13000亿美元,物资损失高达427000亿美元"②。二战所带来的破坏严重扰乱了正常的国际秩序,各国陷入严重的经济倒退,生产要素已经被战争破坏殆尽,人民生活困难,国家政权岌岌可危。在此背景下,国家要想尽快恢复生产,保障国家军事与经济安全,国家间的合作在所难免,发展与合作也因此成为与和平并列的主题。

但是,与安全、和平不同的是,发展与合作并未完全跨越意识形态的束缚,在形式上表现为意识形态的整体性对抗,即资本主义与社会主义的对抗。这也是观念结构的差异所无法避免的。虽然单个国家在发展中可能因为生产要素不足而受到物质上的制约,但是多个国家组成的国家集团所带来的集群优势能基本弥补这个缺憾,因此,全球性的合作就退居次要。法西斯主义的意识形态让各国对意识形态的影响力产生极大抵触,社会主义与资本主义在生产、意识和组织等方面的差异使战后的国际社会对异于自己的社会形成极大抵触,加上国家政府的刻意宣传黑化,加剧了意识形态的对立,冷战应运而生。

二、战后国际金融两极格局的形成

美国经济在战后初期一枝独秀,受益于战时需求的大力推动,二战后迎来了科技潮与生产力的大幅提升,经济得到

---

① 杨和平:《第二次世界大战与战后和平》,《西华师范大学学报(哲学社会科学版)》2006年第5期,第60—62页。

② 彭训厚、徐新民:《第二次世界大战的影响及其启示》,《军事历史》2001年第5期,第28页。

第二章 战后国际金融体系演变的历史进程

进一步的提升。战后的美国包揽了西方国家重大技术创新的60%，并将其中75%的成果首先应用于本国市场。[①] 但是，垄断资本主义的经济特性也同时加剧了对生产力的破坏性作用，生产的社会性与资本主义的私有性之间的矛盾日益激化，严重影响美国的经济发展。

国民生产总值方面，根据美国官方数据，"1946年美国的国民生产总值已经达到4757亿美元，经过30年发展增至1977年的13327亿美元，1946—1977年间平均年增长率为3.4%，增速高于战前时期。物质生产部门生产方面，农业生产远落后于工业。1946—1977年间，农业只增长了约六成，但工业生产却增长了近三倍，其增幅主要来自于制造业领域。科技产业方面，新兴工业部门也实现迅速发展。1950—1970年间，电子通讯设备的年产值从2.7亿美元增长到84.5亿美元，增长31.3倍；民用飞机的年产值从1亿美元增长到31.8亿美元，增长31.8倍；电子原件的年产值从7亿美元增长到45亿美元，即增长到6.4倍。"[②]

其实，美国工业之所以能比农业优势明显，主要在于其国民经济军事化的国家战略。受战时军工业需求旺盛的培育，战后美国国内的军事订单依然维持在较高水准，军工业因此并未在战后衰落，反而呈现进一步发展的态势，同时也带动了相关产业的发展。"如在1950—1953年朝鲜战争期间，美国工业生产年平均增长9%，在1964—1973年扩大侵越战争期间，年平均增长率也达到5.3%。"[③]

1947年，美国凭借雄厚的经济实力和美元霸权提出了著名的"马歇尔计划"（The Marshall Plan），虽然该计划是美国

[①] 胡孝峰：《战后美国的经济》，《历史教学》1997年第10期，第16页。
[②] 陶继侃：《战后美国经济增长速度及其前景估计》，《世界经济》1979年第5期，第1页。
[③] 胡孝峰：《战后美国的经济》，《历史教学》1997年第10期，第17页。

意图通过塑造多边经济体系来巩固美国经济霸权地位，但确实一定程度上加速了欧洲一体化进程，实现欧洲贸易和支付的一体化。此外，它还"通过提高欧洲各国的生产率、稳定欧洲各国的货币、平衡各国的预算、建设欧洲统一大市场等措施初步恢复了美欧经济平衡"，① 从而与美国主导的布雷顿体系形成呼应，实现该国通过国际经济与金融手段塑造美式全球金融体系的计划。

在资本主义世界，美国通过牢牢掌控 IMF 和 IBRD 的投票集团来掌控战后西方的经济建设，并借此影响西方的政治和经济发展。其中，IMF 和 IBRD 投票份额的分配权力成为西方金融权力结构的重要参考依据。这两大机构名义上是战后广泛合作的平台，但实际却沦为以美国为首的发达资本主义国家的工具。美国在两大机构中都占据核心地位，并通过投票份额左右机构的决策与发展。虽然两大机构在随后的60多年里历经多次调整，但其基本性质和权力分配格局并未发生任何改变。②

美国在设计 IMF 和 IBRD 时贯彻了凯恩斯主义，强调了两大机构的资本主义性质，从根本上阻止了被社会主义化的可能性。在"黄金美元"阶段，美国在布雷顿体系内的权威不可撼动，并且体系在美国的主导下为资本主义国家的战后重建发挥了重大作用，当然美国霸权并非得到所有国家的认可，体系内部的矛盾与冲突也时常发生。

与美国在二战中大发战争财，并在战后保持政治、经济与军事方面的全面领先相比，苏联在二战中做出了巨大的牺牲，但也在世界范围内赢得了崇高的声誉和威望，尤其表现在国际政治舞台上的政治影响力和道义影响力，战

---

① 丁祖煜、贺五一：《近现代国际关系史研究》2014年第2期，第112页。
② [美]比伦特·格卡伊、达雷尔·惠特曼著，房广顺、车艳秋译：《战后国际金融体系演变三个阶段和全球经济危机》，《国外理论动态》2011年第1期，第15页。

第二章 战后国际金融体系演变的历史进程

争结束时与苏联建交的国家已经达到52个。同时，苏联通过自愿加入和占取等多种方式扩大了自己的版图，并通过社会主义文明突破国界限制与多国组建社会主义阵营，形成了与西方资本主义体系分庭抗礼的社会主义体系。苏联也因此告别被西方孤立和封锁的历史，逐渐成为东方的政治、经济和军事中心。

苏联在战后迅速恢复了被战争严重破坏的国内经济，为其成为超级大国奠定了经济基础。苏联成功施行了1946—1950年的五年经济复苏计划，"1948年苏联的工业总产值就超过战前水平，1950年工业生产水平超过1940年的73%。1950年铁产量1900万吨，钢2700万吨，采煤量2.61多亿吨，原油3800万吨。国民收入增长64%。农业生产恢复较慢，1950年还只及1940年的99%。"[1] 苏联经济的复苏与发展为其成为超级大国，与美国在政治、经济和军事领域的对抗提供了坚定的物质保障。

虽然苏联在战时损失严重，但其强大的军事实力依然保留到战后。战争结束时，苏军武装人数达到1136万人，为世界之最。战争最后3年，苏联每年平均生产4万架飞机、3万多辆坦克和3万多件自动武器、12万门各种大炮、45万挺机枪、300多万支步枪和200多万支冲锋枪、10万门迫击炮和几亿发炮弹。除了飞机的生产，苏联的武器生产能力居世界首位"[2]，为其成为超级大国提供了坚强的后盾。

苏联经济的恢复与发展使其将视线由国内转向国际，并深刻感受到来自美国的压力。时任苏联领导人的斯大林认为马歇尔计划是对苏联及共产主义的严重威胁，称马歇尔计划"干涉其他国家的内政"，"重演杜鲁门主义的伎俩，借助美

---

[1] 方连庆、王炳元、刘金质主编：《国际关系史（战后卷）上册》，北京大学出版社，2006年版，第75页。

[2] 同上。

元施加政治压力",并表示苏联无法接受马歇尔计划,鼓励东欧国家拒绝加入,同时针锋相对地提出了著名的"莫洛托夫计划"(Molotov Plan),即"经济互助委员会"(下称"经互会")的雏形。

苏联推出莫洛托夫计划实属无奈之举。一方面,虽然经过五年计划的发展,苏联经济已经恢复并得到发展,但仍然无法与美国相提并论,美国定然会在马歇尔计划的实施细则上贯彻经济实力的衡量标准,在这方面苏联并不占优势。而且贯彻凯恩斯主义的布雷顿体系根本就是以资本主义为主流的金融平台,即使苏联加入也肯定会受到排挤,这是苏联无法接受的。另一方面,面对咄咄逼人的马歇尔计划,苏联与东欧国家迫切需要某个平台来加强国家间的经贸往来,推动社会主义阵营的整体发展,抵御来自资本主义国家的经济扩张。

1949年4月,经互会首次会议在莫斯科举行,正式宣告经互会的成立,并在此基础上形成了社会主义的计划经济体系(下称"经互会体系"[①])。

比较布雷顿体系和经互会体系,二者存在多方面的不同。

从地缘政治视角看,布雷顿体系只能是开放经济模式。美国与欧洲分属两大洲,传统政治和经济天然分离,且战后美国与欧洲经济的巨大差距加剧了这种情况。为此缓和这种差距可能引发的权力政治矛盾和安全矛盾,以及对抗社会主义苏联的经济模式和意识形态的攻击,美国必须联合欧洲构建跨区域的资本主义合作模式。为此,美国通过马歇尔计划巩固美元霸权地位和美国领导地位,并建立全面开放的布雷顿体系来巩固联合关系。而社会主义阵营则不同,社会主义

---

① 经互会体系是本书相对于布雷顿体系提出的,它是指由苏联在经互会成员国内部构建的计划经济体系。

第二章　战后国际金融体系演变的历史进程

国家过半集中在苏联周边，且他们与苏联在历史上联系相对紧密，集群效应和协作成本远低于美国，因此，苏联不仅没有改革自有计划经济模式，还将其国际分工理论直接应用于经互会成员国，构建了经互会体系。

　　从设计模式视角看，经互会体系的设计带有明显的苏联计划经济色彩，其组织特性表现为高度计划性，与市场经济模式相去甚远。经互会内部的贸易往来主要表现为以苏联为中心的放射状结构。[①] 而且，经互会体系在"黄金美元"阶段表现出严重的霸权倾向，斯大林时期甚至可以随意更改与他国的贸易条件。[②] 苏联也依照布雷顿体系进行了货币一体化的尝试，转账卢布是经互会体系内部交易的通用货币，但却不能直接用于生产，亦无法像美元一样作为国际货币而使用，苏联作为转账卢布的法定兑换者控制着各国的经贸往来，使得各国相互间缺乏横向交流，转账卢布的货币职能也因此遭遇极大限制，主要表现为：经贸往来只能以转账卢布结算，并只能用于到他国市场上购买商品，使转账卢布更加类似于一个易物媒介。[③] 总之，转账卢布并非国际性货币，对外并不具备货币职能，严重限制了转账卢布的发展，被称为"没有出生就死了的胎儿"[④]。转账卢布的职能缺失从货币层面限制了经互会的发展，使其成为名副其实的封闭市场。从这个角度讲，转账卢布杜绝了布雷顿体系从货币渗透经互会体系的可能性，增强了苏联对经互会成员国的控制。从转账卢布货币职能的角度看，经互会只是一个由多个双边贸易组成的国际组织，而非类似欧共体的多边贸易组织，转账卢布存在

　　[①] 李兴:《论经互会的问题与苏东关系》,《世界历史》1997 年第 6 期, 第 18 页。
　　[②] [英] 罗伯特·康奎斯特:《最后的帝国——民族问题与苏联的前途》, 华东师范大学出版社, 1993 年版, 第 367 页。
　　[③] 李兴:《论经互会的问题与苏东关系》,《世界历史》1997 年第 6 期, 第 19 页。
　　[④] 刘宝荣:《苏联东欧国家逐步调整各自经贸发展战略》,《苏联东欧问题》1988 年第 5 期, 第 62 页。

的目的是巩固计划经济体制，维持经互会内部经贸往来的正常运转。①

作为社会主义阵营抗衡布雷顿体系的多边经济合作蓝本，经互会体系虽然最终并未发展成为真正意义上的多边合作平台，但却强化了社会主义阵营内部的经济交流，促进各国战后经济的恢复与发展，推动社会主义国家阵营的一体化进程。而其对平等权力与义务的提倡与权力结构设计很好地吸引了东欧及德意志民主共和国等社会主义国家的加入，壮大了社会主义阵营的力量。但是，苏联与美国一样并没有限制本国的权力欲望，通过在经互会内部推行经济一体化和国家经济分工等方式，越过经互会协议平等权力与义务的承诺，不仅成为经互会事实上的中央权威，而且将社会主义阵营打造成一个封闭的联盟国家和经济市场。换言之，经互会体系与布雷顿体系一样，成为以超级大国为核心的等级制金融体系。

三、两极霸权下的双金融体系格局

（一）双金融体系格局的形成

本书认为，1949年经互会的成立实际是宣告由布雷顿体系与经互会体系共同组成的"双金融体系"格局的诞生。所谓平行金融秩序，是指两个或两个以上的金融秩序相互独立、相互竞争又相互建构，因无法取代或吞并对方而形成的国际金融现象。平行金融秩序理论最早可以追溯到斯大林的"两个平行世界市场"理论。1952年，斯大林在《苏联社会主义经济问题》一书中提出了该理论，指出二战在经济层面最大的成果，应当是统一的世界市场的瓦解。这个情况进一步加速了世界资本主义体系的危机进程，中国与欧洲民主国家脱

---

① 卢传敏：《东欧剧变与经互会的命运》，《世界经济与政治》1990年第6期，第11页。

第二章 战后国际金融体系演变的历史进程

离资本主义体系，和苏联一起组建了社会主义阵营而与资本主义阵营相对立，其在经济层面的结果是世界统一市场的崩溃，并产生了两个相互对立但又相互平等的世界市场。[①] 斯大林的"两个平行世界市场"论断在现在看来并非完全正确，但却符合当时意识形态对立的需要，且基本反映了当时的国际金融状态，即不同的社会经济性质和物质权力分配格局使国际金融体系被相对分裂，成为马秩序与经秩序共存关系的重要依据。二者在国际金融层面相互斗争又相互合作，但同时又受到共同的发展规律的调整。

在双金融体系格局所构筑的国际金融中，美国与苏联在物质权力层面的两极化产生了深刻影响，"权力均衡的灵活性及其对国际舞台上主要角色权力欲望的限制性影响力消失了。"[②] 美苏相对于其他国家和国家联盟来说都是超级大国，美苏极大的物质权力使得其他国家完全丧失打破两极格局的能力，而且被迫在两国之间站队以保证国家安全，而非像二战时期那样根据权力结构的平衡而游离于两国之间，从而获得更多的利益。在二战后，尤其是两极格局确定后，这种游离行为被认为是危险的，甚至是致命的。因为地缘政治、意识形态及历史原因等因素附着在其他国家身上的枷锁，已经大致限制了他们的选择权，同时两极也绝不允许权力结构平衡被经常性打破。

当然，这并非意味着美苏都不必担心盟国，尤其是主要盟国的背叛。虽然他们不能根据自身需要随意转换阵营，但无法阻止他们在阵营中的自我定位。"在一种缺乏弹性的权力结构中，就同盟各方的同盟关系而言，超级大国可能发现

[①] [苏] 斯大林：《苏联社会主义经济问题》，人民出版社，1971年版，第27页。
[②] [美] 汉斯·摩根索著，徐昕、李保平译：《国家间政治：权力斗争与和平》，北京大学出版社，2006年版，第376页。

其盟国或是脆弱的来源，或是力量的源。"① 而两极要做的就是，保证其盟国成为其政策的追随者和支持者，这就要求两极对盟国施行灵活互利的外交政策。因为虽然两极相对盟国而言在物质权力方面拥有压倒性优势，但并非完全没有限度，尤其是两极互为竞争关系的前提下，保证本同盟的团结与合作才能最大程度巩固自己的"极"地位。因此，为了确保得到盟国的支持，两极必须尽量使其政策制度与盟国的愿景相一致。

对于布雷顿体系与经互会体系而言，二者实际是两极物质权力在全球金融领域的延伸，以国际制度的方式从法律上确立二者在全球金融领域"极"的地位，并塑造了两大群体行为体共存的格局。布雷顿体系与经互会体系在体系宗旨上都表现出对外的开放性，却因意识形态、竞争关系及地缘政治等原因演化为现实上的封闭金融体系。二者的共存关系架构在发展初期表现出了极大的克制，双方致力于恢复与发展战后本体系成员国的经济，同时巩固并提升本体系在全球范围内的竞争力，为体系成员国的经济、政治和军事，以及意识形态扩张奠定基础。虽然两大体系在组织结构设计、体系宗旨和国家制度方面都表现出极大的差异性，但并不妨碍二者对各国战后重建与恢复、区域一体化推进、国际金融体系建设等一系列问题的正向推动作用。从全球发展角度看，布雷顿体系和经互会体系并非真正意义上的国际金融体系，二者在货币体系、金融组织体系和金融监管体系等方面都不成熟，但也大致达到次国际金融体系的门槛，二者相互独立、相互竞争，共同建构了国际金融体系。

但是，两大体系的共存关系并不代表二者物质权力的势

---

① ［美］汉斯·摩根索著，徐昕、李保平译：《国家间政治：权力斗争与和平》，北京大学出版社，2006年版，第376页。

均力敌，事实上经互会体系的经济实力要远远逊色于布雷顿体系。二战后的军事与观念对峙暂时冻结了双金融体系之间的物质权力流动，使两大体系在相对安全且稳定的金融闭环中无视实力差距来推动经济发展。布雷顿体系基于其强大的经济实力希望打破这种局面，西方仅希望将布雷顿体系打造成由资本主义主导的国际金融交流平台，将其商品推向经互会体系的势力范围，因此，并不完全排斥经互会国家的加入，更不排斥与后者有经济贸易上的往来。而经互会体系因其薄弱的经济基础和计划经济的局限性逐渐处于守势，苏联担心资本主义经济的扩张属性会动摇其在经互会的金融霸权，因此，极力限制与西方的经贸往来，在制度设计上控制经互会成员国的离心倾向，导致在战后重建的经济热潮中，经互会体系与布雷顿体系的经贸交流极其有限且增长缓慢。例如，经互会国家与西欧国家之间签订的双边贸易协定表明，经互会各国对西欧国家的双边贸易增长非常缓慢且有限，尤其是苏联本国对西欧国家的贸易协定项目非常稳定，项目数字波动几乎可以忽略不计。而其他国家虽然在1960年、1966年和1973年三个观察年份的数值增加较苏联明显，但增幅却基本维持在50%—150%之间（参见表2—1）；同时，西欧国家与经互会国家的双边贸易也处于低增长水平，如西班牙和塞浦路斯在1960—1966年间甚至没有双边贸易往来，比利时、荷兰、卢森堡三国在1960年时与经互会国家不存在贸易往来，而瑞士是唯一一个在1960—1973年间与经互会国家完全不存在经贸往来的国家。剩余国家虽然与经互会国家保持贸易往来，但增幅远低于经互会国家。

表 2—1　经互会国家与西欧国家之间签订的双边长期贸易协定[①]

经互会各国与西欧国家之间　　　　　　　　单位：项

	1960	1966	1973
保加利亚	1	9	12
匈牙利	2	8	13
东德	—	3	7
波兰	2	10	11
罗马尼亚	2	7	12
捷克斯洛伐克	5	8	13
东欧六国小计	12	45	68
苏联	11	10	12
总计	23	55	80

西欧国家与经互会各国之间

	1960	1966	1973
奥地利	4	5	7
比利时、荷兰、卢森堡	—	2	6
英国	5	5	7
希腊	2	6	4
丹麦	2	6	7
意大利	1	7	7
西班牙	—	—	3
冰岛	2	2	4

---

① 人民出版社编辑部：《苏联社会帝国主义经济统计资料》，人民出版社，1977年版，第541页。

第二章　战后国际金融体系演变的历史进程

	1960	1966	1973
塞浦路斯	—	—	3
挪威	1	4	6
芬兰	1	6	7
法国	2	6	7
西德	2	3	6
瑞典	1	3	6
瑞士	—	—	—
共计	23	55	80

资料来源：[苏]《对外贸易》1974 年第 6 期，第 23 页。

经互会体系与布雷顿体系双边贸易的项目数增速迟缓并非是两大体系成员国外贸水平的问题，即便是处于计划经济体制下的经互会国家，其对外贸易也处于井喷之势。理论上，经互会国家的外贸数额增幅与对西欧项目数的增幅这两个统计对象应该存在较强的正相关性，但事实却有很大出入。在 1960—1965 年间，经互会国家的外贸数额增幅大致处于 30%—90% 的区间，但其 1960—1966 年对西欧双边长期贸易协定的项目数增幅（除东德与苏联外）却高达 60%—800%。而在 1965—1975 年间，经互会国家的外贸数额增幅普遍超过 300%，但其对西欧国家的长期双边贸易协定项目数的增幅却远低于这个数值。虽然不排除部分项目的数额较大，但却无法完全解释这个现象（参见图 2—1[①]）。

---

① 尉迟文博：《"经互会"成员国经济合作方式研究》，载《赤子》2014 年 11 月刊，第 210 页。

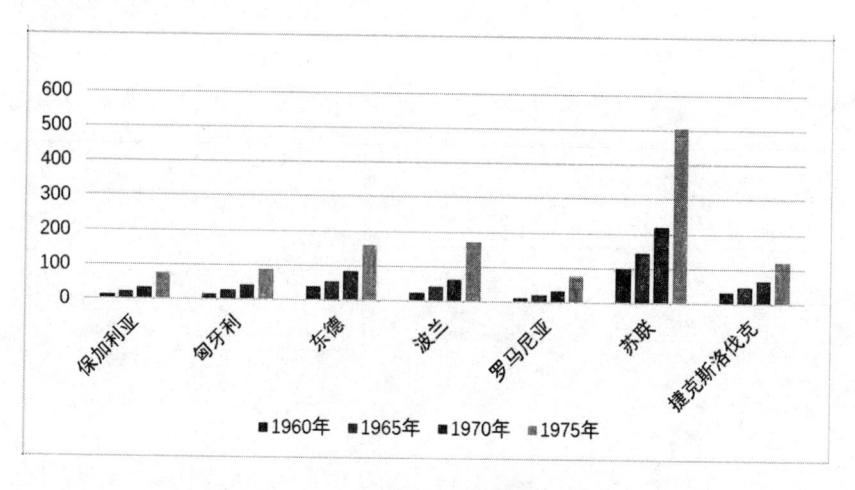

图 2—1　经互会苏东七国对外贸易构成图

数据来源：Statistical Yearbook of Member States of the Council for Mutual Economic Assistance, Council for Mutual Economic Assistance Secretariat [M], London, IPC Industrial Press Ltd, 1976, p. 339.

这意味着，经互会国家对西欧的贸易确实受到了经互会计划经济体制与苏联意志的严重影响。在实际交往中布雷顿体系的外向性更明显，且对外经济依赖性更高，相反经互会体系则表现出更大的自给性和封闭性（参见图 2—2[①]）。

比照图 2—1 与图 2—2 可以得出，虽然在 1960—1975 年的 15 年间，经互会成员国的外贸数额增幅较大，但其在经互会的外贸份额比重却未发生明显变化。这一方面说明计划经济协调能力之强，成员国普遍实现体系内部的自给自足，另一方面也说明经互会成员国的经济外向性相对有限。例如，在 1988 年以前，经互会对布雷顿体系"采取不承认、不接触、不谈判的三不政策。经互会国家 60% 的对外贸易在体系内部完成，包括能源在内的重要原料的 80%—90% 来自体系成员

[①] 尉迟文博：《"经互会"成员国经济合作方式研究》，载《赤子》2014 年 11 月刊，第 210 页。

国。苏联约60%的机器技术产品进口自经互会国家，占后者对设备、工具等投资的35%。到1986年，该数字达到45.8%，约占苏联进口的71.1%。"①而且，"经互会可满足煤炭需求的99.2%，石油的69%，天然气的93%，铁矿砂的76.7%，粗铁的96%，黑色冶金产品的66.3%，木材70%，生活日用品的61%。"②

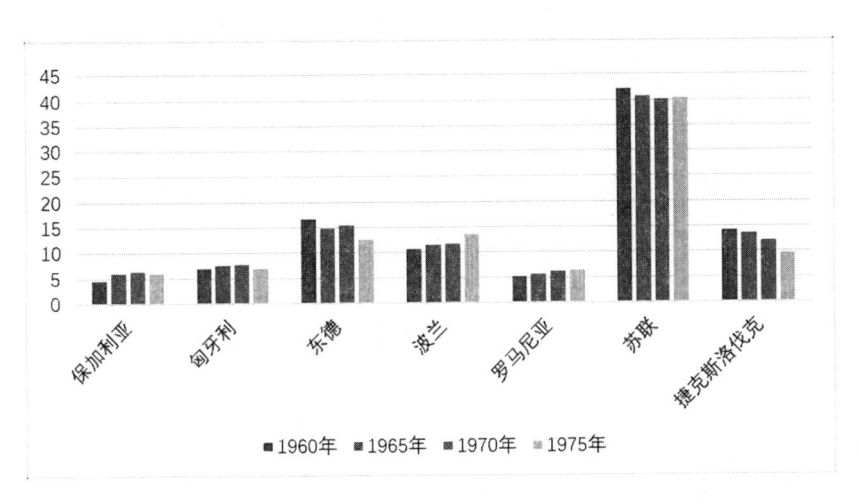

图2—2　经互会苏东七国对外贸易份额比重表（%）

数据来源：Statistical Yearbook of Member States of the Council for Mutual Economic Assistance, Council for Mutual Economic Assistance Secretariat [M], London, IPC Industrial Press Ltd, 1976, p.342.

随着时间的推移，经互会体系计划经济的劣势日益明显，相比之下资本主义式的布雷顿体系越发显现出其优越性，而且成果显著。在"黄金美元"阶段初期，即二战后到20世

---

① 李兴：《论经互会的问题与苏东关系》，《世界历史》1997年第6期，第19页。
② 胡燕芬：《经互会国家合作和一体化的作用、问题和发展前景》，《苏联东欧问题》1990年第2期，第75页。

纪70年代初期,同样也是资本主义世界经济的第二个黄金时期,罗伯特·吉尔平甚至称其为"人类历史上最繁荣的时期"①。各工业国的经济以及世界贸易飞速发展。"自40年代末、50年代初战后重建阶段之后,工业化国家的经济增长率达到了史无前例的水平。50年代,西欧国家年增长率约为4.5%,60年代达到5%左右。更加非同寻常的例子是日本:50年代和60年代,日本的年增长率空前绝后地为10%。美国落在后面,50年代约为3%,60年代约为4%"②世界出口贸易额从1948年的539亿美元增长到1970年的3553亿美元(参见表2—2:世界出口:1938—1974年③)。工业国的商业贸易增长率从1950年到1975年年均增长8%,比其国民生产总值增长率快一倍。④"在20世纪60年代,七个主要的工业化国家失业率和通胀率平均只有2.8%。产出量增长为5%,国际贸易的增长比产出的增长还要快,直接对外投资更是飞速增长。"⑤

在各工业国发展的同时,美国继19世纪中叶的英国之后成为新的霸权国家。"在世界经济中,除了确立以美元为中心货币的国际货币体系以外,美国的对外贸易从1949年到1973年成品油危机发生之时几乎在成倍地增长,美国对外贸易在世界贸易中所占的份额也持相对稳定的状态"⑥。虽然美国贸易占工业国与世界的比例都出现下滑,但依然未改变其头号资本主义强国的地位(参见表2—3)。未被二战涉及的

---

① [美]罗伯特·吉尔平著,杨宇光、杨炯译:《全球资本主义的挑战——21世纪的世界经济》,上海人民出版社,2001年版,第52页。
② 同上。
③ 王正毅:《国际政治经济学通论》,北京大学出版社,2010年版,第133页。
④ [美]罗伯特·吉尔平著,杨宇光等译:《国际关系政治经济学》上海人民出版社,2003年版,第219页。
⑤ George T. Crane, Abla Amawi, *The Theoretical Evolution of International Political Economy: A Reader*, Oxford: Oxford University Press, p. 245.
⑥ 王正毅:《国际政治经济学通论》,北京大学出版社,2010年版,第133页。

经济基础加上战后飞速发展的经贸实力,使美国成为当之无愧的全球第一经济大国,成为布雷顿体系其他成员国当中无愧的战后恢复引擎,从而保证其在布雷顿体系中全面的领先地位。

表2—2 世界出口:1938—1974年　　单位:亿美元

年份	出口总值
1938	211
1948	539
1958	960
1960	1078
1965	1565
1970	2657
1972	3553
1974	7292

资料来源:Robert A. Pastor, Congress and the Politics of U. S. Foreign Economic Policy, Berkeley. University of California Press, 1980, p. 99.

表2—3 美国贸易和世界贸易(1949—1973)

单位:亿美元

年份	美国	工业国家	世界出口	美国占工业国家的比例(%)	美国占世界的比例(%)
1949	121	338	552	35.8	21.9
1960	206	788	1146	26.1	17.5
1970	432	2083	2837	20.7	15.2
1973	713	3768	5242	18.9	13.6

资料来源:International Monetary Fund, International Financial Statistics Yearbook, 1979, pp. 62-67.

（二）形成的原因

虽然经互会体系与布雷顿体系在经济体制与经济实力上的差距明显，但却因为其他因素促成了二者相互依赖且相对稳定的双金融体系格局。

从外部看，这些因素包括军事、观念与经济等方面。军事上，苏联与美国都是核大国和常规武器大国，双方在战后都对潜在的军事威胁心生警惕，由此导致美苏在经济领域上泾渭分明，给予双方相对安全的经济发展空间。观念上，战后和平与发展的理念虽然未能消除权力政治，却也对国际安全产生了积极影响。双方成员国并不想因为地缘政治和意识形态等原因形成新的政治经济冲突，破坏战后重建的成果。经济上，经互会体系与布雷顿体系自成体系、自给自足的经济运行环境使二者在短期内避免了侵犯对方领域的可能性，而且二者还在经贸领域存在一定的往来，且合作的代价要远远小于侵夺对方利益的代价。

从内部看，双金融体系格局得到最大程度的认可，离不开国际社会对该格局的广泛认同。

首先，双金融体系是两大体系及成员国认识不同的结果。对于布雷顿体系与经互会体系的竞争关系来说，需要首先在两大体系内部建立"自我"与"他者"的认识。研究表明，即使在不具备任何明显分类标准的情况下，人也会在内心建立相应的标准。"穆扎非·谢里夫曾论述，如果两个小组被赋予相互竞争（并且相互依存）的目标的话，这两个小组（内部群体）就会在其成员之间形成积极和团结的态度，而同时——即使它们完全不清楚外部群体成员的个人品质——在不同小组之间却会形成对待对方的消极态度。他推论道，将人转向于客观冲突的境地将促使不同认同的形成，相比之下，提供给有关群体某种超然目标将淡化这些认同并减少对外部群体成员的偏见。"[1] 这种不依赖客观冲突或者竞争关系便形成不同认同的条件构成了所谓的"最小群体范式"（minimal group paradigm）。也就是说，只要简单地将人分为不同的群体，就可以产生不同的认同。当这些持有不同认同的群体处于竞争关系时，它们的认同和行为倾向也会变得更加明显。最小群体范式（MGP）认为，不同的群体认同将很快而且是不可避免地出现在社会互动过程中。对这一现象最简单的解释是社会认同源于个体在认知上的"排他性"。国家行为体在国际交往中经常面临着给自我和他者定位的问题。复杂的国际关系及国际交往导致简单的定位规则更具战略意义，而建构主义的"规则"为国家行为体"提供了更简单的解释世界和做出抉择的途径"。[2]

对于两大体系而言，国家越早越频繁地接触他者属性的信息，它们对他者的判断就越显极端化。战后意识形态的对立以及粗暴的资本主义与社会主义的划分，为东西方各国提供了初步的"自我"与"他者"的定位。布雷顿体系与经互会体系的阵营划分进一步明确了这种身份定位，在后来的有限互动及日常观念宣传中，两大体系对彼此的判断越发明确。这种清晰的身份定位不但划清了布雷顿体系与经互会体系的体系间界限，也将各体系成员国牢固束缚在本体系的观念体系内，奠定了双金融体系独立又对立的认同基础。

其次，群体间冲突强化群体间认同。

对于结构相似、目标冲突的群体来说，它们之间存在结构、功能及目标的竞争性，群体间的冲突也在所难免。群体间冲突将建构相互间的认同，即对内的积极认同与对外的消极认同。这种极端的定位事实上是夸大了对他者的看法。换

---

[1] ［美］温都尔卡·库芭科娃、［美］尼古拉斯·奥鲁夫、［美］保罗·科维特主编，肖锋译：《建构世界中的国际关系》，北京大学出版社，2006年版，第130页。
[2] 同上。

言之，不同群体之间的差异经常被人为夸大，与之相对应的群体内成员间的相似性认同也被夸大。进一步来说，这种划分成为推动行为体在新环境中形成认同与调整认同的依据。例如，二战期间，各国简单地在法西斯与非法西斯两个选项中定位自己及他国，资本主义与社会主义的意识形态冲突被暂时搁置。但在二战后，意识形态矛盾重新上升为主要矛盾，意识形态的简单划分或者说国家制度的简单划分，不但强化了意识形态矛盾，并严格界定了两大体系的国际关系定位，而且规范成员国的行为倾向。布雷顿体系与经互会体系的对立冲突关系建构着彼此间认同，即对本体系的积极认同与他体系的消极认同，成员国在这种明确的观念分野下对他体系的消极认同大大增强，同时强化了他们对本体系的积极认同。这两种不同性质的认同虽然存在不理性的倾向，但保证了两大体系内成员国的主体间共识。

最后，群体内认同对群体机制建设的意义。

群体内认同对群体机制的建设具有巨大的影响。外部环境对群体性认同的积极或消极的作用将传递给群体机制的建设。具体来讲，消极认同将破坏群体机制的建设，并可能伤及群体利益。相反，积极认同将加强群体机制建设，加强群体成员国的相互依赖。同样，群体间认同也是如此，典型的就是相互依存理念。

随着20世纪60年代美苏关系的缓和，冷战对峙的态势逐渐减弱，贸易保护主义日渐抬头，相互依存理论在这种时代背景下产生。在罗伯特·基欧汉（Robert O. Keohane）与约瑟夫·奈（Joseph Nye）的经典著作《权力与相互依赖》中，相互依存的概念被定义为："一般地说，依存（赖）是指受到外部力量支配或者极大影响的一种状态。相互依赖（依存）最一般的定义是彼此相依赖（依存）。在国际政治中，相互依赖（依存）指的是国家之间或者不同国家中的行

第二章 战后国际金融体系演变的历史进程

为体之间相互影响的情形。这些相互影响往往是国际交往所产生的结果,例如货币、商品、人员以及信息等跨国界的流通。"①

在该定义中,基欧汉与奈均指出相互依存包括国家间相互影响的情形,这种情形并非一定是互利的,"相互依存关系将总是包含着代价,因为相互依存限制着主权;但是要想事先指明某种关系的收益将大于代价是不可能的。它将既取决于行为体的价值又取决于关系的性质。没有任何东西能保证我们所说的'相互依存'关系将是以互利为特征的。"② 也就是说,行为体交往的过程中,并不存在纯粹的获利,而是存在相对的获利和相对的失利,这意味着相互依存的行为体并非完全平等,同时行为体间的相互依存行为中必然也存在冲突与斗争。认同对相互依存论的积极意义在于,积极认同将淡化行为体对失利的负面印象,增强国家间来往的频率和深度。而且,基于相互依存理念建立的国际机制将稳定群体,保持组织的正常运行。因为机制一旦产生,它就可以按照自己的逻辑去运行。而国家也会大致遵从机制,因为某些领域的相互依存会为国家带来利益。③

在国际金融体系领域,布雷顿体系与经互会体系即属此列。相互依存的现实性迫使多数国家淡化主权利益,在经济与政治之间做出了选择。二战对各国的破坏迫使其放下部分偏见,接受霸权国的政治与经济安排,制定了相应的布雷顿体系与经互会体系。两大体系对各国战后的经济恢复与发展起到至关重要的积极作用,但也剥夺了各国部分的主权。同

---

① [美]罗伯特·基欧汉,约瑟夫·奈著,林茂辉等译:《权力与相互依赖——转变中的世界政治》,中国人民公安大学出版社,1992年版,第8—9页。
② 同上,第10页。
③ Neumann, Iver; Neumann, Iver B.; Waever, OLE, The Future of International Relations: Masters in the Making, pp. 95 – 102.

时，在明知主权被侵犯的情况下，各国也愿意接受这种机制安排，根本原因就在于某些领域的相互依存确实为国家带来了利益，而这部分利益足以使经济被严重破坏的国家放下成见，成为体系的一员并为体系的发展贡献自己的力量。

总之，具有社会主义计划经济特征的经互会体系与具有资本主义市场经济特征的布雷顿体系，在物质与观念的双重影响下，以独立又对立的双金融体系变相维护国际金融的稳定与发展。从权力角度看，布雷顿体系与经互会体系是以美苏霸权为顶层设计的金字塔式权力分配，这种设计在两极格局所造成的和平年代显示出了强大的生命力。战后美苏超强的经济实力赋予两国傲视其他成员国的金融权力，从而使经济上千疮百孔的其他成员国不但不反对美苏的权力分配方案，反而达成了基本认同，形成了主体间性的认同理解，其结果是对成员国的对外金融政策产生了决定性影响。两大体系成员国基本上遵从了体系内的金融贸易规范，且在一定程度上做出了金融主权让渡。例如，西欧各国放弃了多年来的贸易壁垒，各国经贸往来日益加深。但事实上，这是对传统金融主权的严重干涉，如果没有对布雷顿体系的严重认同，没有对成员国身份的基本认同，西欧的贸易壁垒断然不会轻易瓦解。再如经互会体系的计划经济体制实际是对商品属性的严重蔑视，是对经济主权的严重干涉，但经互会国家同样接受了苏联的计划经济方案，不仅将资本主义国家严格排除在经贸对象之外，还将贸易对象主要限定为以苏联为首的东欧国家，甚至还接受了转账卢布这种不具国际货币属性的交易介质，将货币主权也拱手让出。

强大的金融权力赋予美苏在各自金融体系中强大的影响力，但这种金融权力却并非没有隐患。结构性权力来自于结构，必将还于结构。制度一旦被设计并运行起来，就会逐渐脱离创建国的掌控，布雷顿体系与经互会体系也是如此。金融体系建立初期，美苏的金融行为虽然霸权，但因其他成员国经济实力的弱小，导致其认同了金融霸权的统治事实。随着经济实力的日益提升，以及霸权国实力的相对衰落，权力分配方案就呈现出其不合理性，布雷顿体系与经互会体系也不可避免地迎来权力结构改革的窗口期。

（三）双金融体系格局下的美苏对外政策分析

在"黄金美元"阶段，布雷顿体系和经互会体系等国际机制的建立，成为资本主义国家与社会主义国家在国际金融领域的主要交流平台。但是，这两个平台却因为两极对立和冷战思维的影响成为两个超级大国权力斗争的工具。囿于美苏在各自体系中的实力与影响力，两大体系最终成为政治、军事斗争的附庸，成为美苏控制的体系成员国，为美苏政治野心和经济发展埋单的制度武器。从某种意义上来说，该阶段的国际金融交往实际是美苏之间的金融交往，是两大超级大国在政治与军事斗争之外的第三大战场，彼时的双金融体系的国家政策，实际上基于两极格局下超级大国的政治经济实力对抗。

本书认为，认同与权力共同塑造了两极的国家利益与对外行为，而社会观念与权力结构共同成为国家利益的来源。换言之，国家的对外政策及行为，主要是由该国所处的观念结构与物质权力结构的互动所决定的。在相对稳定的观念结构中，权力分配方案与权力斗争策略相互作用并形成了能够社会化国家的国际政治文化，在规范国家间策略竞争属性的同时，也同化了国家间的权力斗争方式。[①]

在经互会成立以后，美苏两极所构建的双金融体系格局

---

① Min‑HuaHuang, "ConstructiveRealism: An Integrated IR Theory of Idea, Strategy, and Structure," paper prepared forpresentation at the AnnualConference of the Midwest Political Science Association, Chicago, April3–6, 2003.

初步形成，两极对立的态势也随之确立。作为美苏布雷顿体系与经互会体系的直接经济后果，国际金融"出现了两种对立的世界体系"① 和"彼此隔绝并相互对峙的两大经济集团"②，美苏两国在经济领域的交流彻底中断。

二战后，美苏关系由战时同盟转变为战后对抗，并经由布雷顿体系与经互会体系的制度性影响，实现资本主义与社会主义阵营在经济、政治与军事领域的全面对抗。但是，受战后"和平与发展"观念的影响，冷战思维一直停留于意识形态与国家政策领域，而并未演变为全面的军事对抗，或者说二者的部分对抗由军政领域转移到经济领域，并反过来影响国家的行为与政策。同时，鉴于国家对外行为政策是由观念结构与物质权力结构的互动所共同决定的，美苏间的经济外交呈现出"热—冷—热"的基本态势，但总体因冷战思维影响而处于"冷"的局面。

20 世纪 50 年代初，美苏在经济上此消彼长的态势改变了两国实力对比，美国当时"正在迅速失去其 1945 年曾在世界财富、生产和贸易中所占有的相对比重"③，而苏联得益于战后重建所带来的高投入高产出的经济模式，以及核能与宇航等高新技术领域的发展在短期内大大提升了本国的经济实力，弥补了自身经济短版，两极经济在态势上形成此消彼长的局面。以国民收入为例，苏联从 1950 年约为美国的 30%上升到 1960 年的 58%。两国经济的迅速拉近，使美国认识到，经济封锁与军政压力已无法改变两极格局，国际金融的双金融体系局面已然成为定局。事实上，在 20 世纪 50 年代

---

① 王斯德、钱洪：《世界当代史（1945—1988）》，高等教育出版社，1989 年版，第 54 页。

② 牛笑风：《冷战时期美苏经济关系的演进》，《宁波大学学报（人文科学版）》2001 年第 14 卷第 4 期，第 85 页。

③ [英] 保罗·肯尼迪著，陈景彪等译：《大国的兴衰》，世界知识出版社，1990 年版，第 484 页。

第二章　战后国际金融体系演变的历史进程

初期,美国就认为"缓和东西方经济关系是美国国家利益所在",并在对外政策方面有针对性地做出调整,比如将经济打击的重心转向中国,缓和对苏东的贸易管理等。随后,通过促成美苏交流方案,将原先的激变政策转向和平演变政策。苏联方面,赫鲁晓夫甚至在苏共 20 大提出所谓的"三和路线",着重提出以两个平行市场取代斯大林时期的市场隔绝政策,他甚至认为,以苏联当时三倍于美国的经济增速,赶超美国已经很容易了。[①] 苏联对自己经济实力的自信使其认为绝对的市场隔绝已经不符合苏联的利益,逐步认同美国在经济和政治领域的缓和政策,因而经互会体系与布雷顿体系"长期共存、和平竞赛"正式成为赫鲁晓夫时期及苏联较长时期内对美经济政策的指导思想。该思想实际是斯大林隔绝对峙思想的进一步发展,通过肯定布雷顿体系与经互会体系在国际金融中的地位及对峙的事实,对布雷顿体系保持低度的交流与合作,对经互会体系加强领导与控制,即巩固两大体系的平行态势,保证自身在国际金融与国际政治领域的地位和物质基础。在该思想的指导下,美苏都试图通过经贸往来缓和两国关系。但不可否认,美苏建构了布雷顿体系与经互会体系,但同时两大体系也建构了美苏关系。两大体系建构了美苏的国家身份与制度属性,平行又独立的体系架构又进一步限定了两者对外政策的空间与行为,致使二者在考虑自身行为的同时亦考虑身为各自体系"盟主"的表率作用及可能引发的连锁反应。

总之,对于国际金融体系而言,布雷顿体系与经互会体系均属于群体行为体。对于双方的成员国而言,布雷顿体系与经互会体系都兼具微观与宏观两种层次的双重身份,二者既是结构又是行为体,并因此产生体系内与体系外双重互动

[①] 作者不详:《赫鲁晓夫言论集(11)》,世界知识出版社,1966 年版,第 83 页。

行为，进而在成员国互动与体系演变中具有双重作用。具体而言，作为结构的布雷顿体系与经互会体系首先建构了各自成员国的身份与利益，并通过体系制度、规范和观念强化了成员国的体系认同感，促进体系内的正向互动（如经济贸易、政治合作、文化交流等），抑制体系内的负向互动（如经济战争、政治冲突、负面宣传教育等）。在此作用下，成员国基于对本体系的认同和互动，调整增强体系的结构性功能。在国际金融层面，作为主要行为体的经互会体系与布雷顿体系一方面通过持续不断的互动界定各自的身份与势力范围，另一方面也建构着他们所处的国际金融环境，最终影响甚至决定了国际金融体系的时代走向。

第三节 "石油美元"阶段（1973—1993）

一、"石油危机"下的国际金融

资本主义在经历第二次黄金发展期后，经济隐患逐渐开始显现，"战后的高速经济增长到70年初戛然而止，发达的工业化国家（值得注意的是不包括日本）陷入长达十年的滞胀时期，并以低经济增长率、高失业率和极高的通货膨胀率结合在一起为特点，这在以前从未发生过"[①]。在这个阶段，包括美国在内的整个资本主义世界因为美国不负责任的宏观经济政策，拖累了整个布雷顿体系的经济发展，并深刻影响

---

① [美] 罗伯特·吉尔平著，杨宇光、杨炯译：《全球资本主义的挑战——21世纪的世界经济》，上海人民出版社，2001年版，第53页。

了美国的霸主形象与地位。而得益于平行对峙的金融体系政策，苏联及经互会体系的经济并未被涉及。即使如此，经互会体系与布雷顿体系依然存在较大差距，致使双金融体系的权力格局并未因和平发展观念的淡化与西方经济危机而失去平衡，布雷顿体系因此并没有在此时遭遇严重的外部竞争压力。但不可否认，此时的资本主义世界经济已经面临严重问题。

（一）资本主义世界经济的"滞胀"

虽然越南战争（1955—1975）的军事开支严重拖累了美国财政，但约翰逊政府（1963—1969）无意通过税收填补漏洞，而是实施了所谓的"伟大社会计划"，即"采用具有通货膨胀倾向的宏观政策，支付战争费用和福利开支。"[①] 同时，美国糟糕的经济生产率已经无法为其经济政策提供足够的物质支持，而1973年的石油禁运所带来的物价上涨使世界经济成本上升，进一步加剧了通货膨胀，最终导致了资本主义世界的10年大滞胀。"高通货膨胀、低经济增长和高失业率史无前例地结合在一起，在美国、西欧和其他国家出现，世界经济被迫作出深刻变革。"[②]

（二）固定汇率制的终结

70年代，随着西欧与日本经济的进一步发展，其商品大量涌入美国市场，美国对外贸易逆差加剧。美国的黄金储备也在该阶段日益减少，考虑到"黄金美元"的挂钩制，美元存在事实性贬值的问题，且日益严重。再加上之前越南战争和1973年石油危机的冲击，固定汇率制已经成为制约美国经济发展和危及其在布雷顿体系霸主地位的最大因素，同时西

---

① ［美］罗伯特·吉尔平著，杨宇光、杨炯译：《全球资本主义的挑战——21世纪的世界经济》，上海人民出版社，2001年版，第66—67页。

② 同上。

欧与日本的经济也深受固定汇率制的伤害，固定汇率制必须改革成为布雷顿体系内部的共识。因此，在1976年IMF的牙买加会议上，各国原则上认同了美国倡导的浮动汇率制，这意味着布雷顿体系所构筑的固定汇率制的结束，美元的货币霸主地位从制度上出现了松动。

牙买加会议上虽未诞生新的货币体系，但却宣告了旧货币体制的终结，国际社会仅剩下剥离黄金后的纯粹的美元本位制。通过建立替代账户来吸收过剩美元，或加强特别提款权的作用等等解决清偿能力问题的各种努力都被放弃了。变化无常的美国货币政策仍旧不受约束，使得投放到国际金融体系中的清偿能力过多或过少，从而造成汇率不稳定和周期性的经济波动。这个会议也没有涉及国际清偿能力的分配及其对欠发达国家的影响问题。信心问题及信心动摇对国际货币稳定造成的危害问题，也没有解决。布雷顿体系和固定汇率体系的废弃，意味着国际金融纪律的完全松弛，这为20世纪70年代末和80年代初大量的私人债务、国家债务和国际债务的井喷打开了方便之门。没有了固定汇率，外部就不再能对国家的行为施加约束。结果，世界经济和金融体系越来越不稳定。全球性通货膨胀的危险成了这个制度的痼疾。[①] 美国也为其不负责任的宏观经济制度付出了代价，其货币霸权国地位的丧失正是因为其在20世纪六七十年代的愚蠢做法。对于其他资本主义国家而言，美国当时的做法不仅使其成为麻烦的来源，还严重危及了他的大国形象。到了80年代中期，美国的实力相对下降，并且它不愿再管理国际货币体系，因此，人们提议建立集体领导，特别是采取政策协调和新的管理国际货币体系的形式。[②] 同时，"1978年欧洲议会通

[①] [美]罗伯特·吉尔平著，杨宇光等译：《国际关系政治经济学》，上海人民出版社，2003年版，第132—133页。

[②] 罗伯特·吉尔平著：《国际关系政治经济学》，第133页。

过法国总统德斯坦和德国总理施密特的倡议,成立欧洲货币体系以及相关的欧洲汇率机制。"①

（三）美国霸权的衰退

在该阶段,美国正面对其相对衰落的事实。前文已提到,越南战争与固定汇率制给美国带来了严重的经济负担,而石油危机更是直接冲击了美国的经济体系。美国在20世纪70年代的年均生产增长率不足1%②,远低于"黄金美元"阶段的水平,也低于同期苏联的水平。同时,失业率较"黄金美元"阶段增长一倍,通胀率增长近三倍,钢铁、纺织和造船业出现严重的生产过剩,并引起其他行业的恐慌。纵观当时的世界经济,欧洲因对美元失望转而寻求建立欧洲自己的汇率制度,日本则通过一系列的经济改革与企业重组,提高工业生产效率和出口能力。美国因此日益感到来自日本与欧洲的经济压力,其中从1968年开始的美国和日本多个回合的贸易摩擦就是最好的证明。③ 西欧与日本在经济领域的双重夹击不仅表现在生产力与竞争力上,更表现在国际货币霸权上。在牙买加会议之后,欧洲货币一体化正式提上议程,日元也凭借日本经济的强势上升展露头脚。相比较而言,牙买加会议只是制度上允许美元贬值,却未改变美元疲软的事实。再加上美国贸易逆差现象的日益加重,美元霸权的衰落已经成为不争事实。总之,美国经济的衰落以及资本主义世界的经济危机严重冲击了布雷顿体系的物质权力基础,以及美国在布雷顿体系的领导地位。日本与欧洲自此不再凡事唯美是从,逐步开始挑战美国在布雷顿体系的权威,并要求实质上的权力结构改革。

---

① 罗伯特·吉尔平著:《国际关系政治经济学》,第68、76页。
② 同上。
③ 王正毅:《国际政治经济学通论》,北京大学出版社,2010年版,第137页。

在西方经历一低二高、美国霸权衰退、美元地位遭受冲击的情况下，苏联与经互会体系却表现出相反的经济态势，总体而言是稳中有升。

虽然经互会的封闭性与计划性为其最终的解体埋下了隐患，但并不能否认计划经济对经互会体系及其成员国经济的促进作用，尤其在面临世界性经济危机时所体现的优越性。换言之，正是因为封闭性与计划性，使经互会体系并未因市场经济危机的传导性而大受牵连，相反其经济表现较布雷顿体系良好。在经互会体系内部，成员国间的相互贸易额由1950年的74亿卢布上升到1960年的240亿卢布。与资本主义国家的滞胀相比，"经互会（体系）1970年内部贸易额较1960年增加1.3倍，1980年环比又增加3倍，即由572.3亿卢布增为2236亿卢布。至1985年，又增加到2475亿卢布。其中，苏联依然是经互会的贸易中心，在1985年的苏联外贸额统计中，苏联与其他经互会成员国的交易额占到总额的68.6%。"[①] 在此背景下，经互会体系内部的权力结构并未发生重大改变。苏联借助计划经济模式对经互会体系成员国的控制力并未减弱，后者并未在商品、货币和制度层面挑战苏联的金融霸权。

二、美苏认同危机与"石油美元"制度的建立

（一）美苏认同危机

在"黄金美元"阶段，和平与发展成为普世价值观，双金融体系为东西方的缓和政策提供了现实土壤。但是，随着双方经济实力与军事力量的不平衡发展，他们对当时的国际

[①] 甘士杰：《"经互会"经济一体化的今昔》，《世界经济研究》1989年第8期，第21页。

格局的认同再一次发生改变，缓和政策在20世纪70年代遭遇阻力，以美苏关系为代表的东西方关系再一次恶化，冷战的阴影自此再度加强。美苏在军事和政治领域的活跃再度将全球政治经济环境推入低谷。

莫斯科将东西方的缓和归结于防范第三次世界大战爆发的需要，但这并不影响东西方在意识形态方面的分歧。莫斯科坚持认为意识形态的对立是无法消除的，东西方终将以权力斗争的形式打破这种对峙局面，莫斯科领导的共产主义必然取得最后的胜利。

经济方面：苏联的观念来自其对美苏实力对比的判断，即苏联经济已经摆脱战后颓势，对美国发起了挑战。"按照西方的粗略估计，1960年苏联的国民生产总值约为美国的44%。1970年升至49%，1980年为50%。"[1] 从90年代对俄罗斯的数据看，西方当时的数据显然过高地估算了苏联，但至少在那时这就是人们的观点。而1993年《法国经济学》的数据虽然与这份数据有出入，但也认为苏联的经济正在迎头追赶。在这份统计数据中，苏联在1991年前的所有数据几乎都处于上升状态，尤其是在20世纪70年代以前，其增长趋势给予苏联迟早在经济上超越美国的信心。（参见表2—4[2]）

军事方面：经过多年发展，苏联终于在20世纪70年代前后达到与美国大致相等的水平。总体国防能力大幅提升，战略武器发展方面与美国大致持平。空军远距离重负荷能力提升明显，海军也实现了跨越式发展。在60年代中期，苏联海军就已实现在地中海的长时驻留。几年后，在印度洋和加

---

[1] ［挪］盖尔·伦德斯塔德著，张云雷译：《战后国际关系史（第6版）》，中国人民大学出版社，2014年版，第70页。
[2] 龚鸥：《俄罗斯和苏联国民生产总值的增长及其与美国的比较》，《世界经济译丛》1994年第1期，第81页。

勒比海实现远洋舰队的定期巡逻。到60年代末，苏联海军也成为苏联外交政策的重要战略手段。同时，苏联在非洲、中东和古巴都取得了补充油料的权利，这些都强化了苏联的全球战略能力。①

经济与军事的双双发展，给予苏联以强大的信心，使苏联主动将其影响范围投射到全球。或者说，苏联既想与美国缓和对立，又想增强其在全球的影响力。

表2—4　俄罗斯和苏联国民生产总值的增长及其与美国的比较

年份	俄罗斯、苏联 国民生产总值总额(1974/1975年，美元，亿)	人口(年中数，万人)	人均国民生产总值(美元)	美国 国民生产总值总额(1974/1975年，美元，亿)	人口(年中数，万人)	人均国民生产总值(美元)	俄罗斯(苏联)人均国民生产总值为美国人均国民生产总值的(%)
1860	250-260	7230	350	250-260	3150	860	40
1913	950	15790	600	2430	9720	2500	24
1928	950	15150	629	3530	12050	2931	21
1940	1760	19510	904	4200	13210	3182	28
1948	1740	17480	993	5990	14660	4085	24
1950	2180	18010	1213	6570	15230	4315	28
1955	2850	19620	1453	8100	16590	4884	29.8
1960	3800	21430	1773	9020	18070	4993	35.5
1965	4850	23090	2100	11350	19430	5841	36
1970	6260	24280	2578	13280	20510	6475	39.8

---

① ［挪］盖尔·伦德斯塔德著，张云雷译：《战后国际关系史（第6版）》，中国人民大学出版社，2014年版，第69页。

年份	俄罗斯、苏联 国民生产总值总额(1974/1975年,美元,亿)	人口(年中数,万人)	人均国民生产总值(美元)	美国 国民生产总值总额(1974/1975年,美元,亿)	人口(年中数,万人)	人均国民生产总值(美元)	俄罗斯(苏联)人均国民生产总值为美国人均国民生产总值的(%)
1975	7510	25450	2950	15290	21600	7079	41.7
1980	8560	26550	3224	18700	22770	8213	39.3
1985	9420	27740	3396	21260	23850	8914	38.1
1990	9920	28920	3430	24210	25140	9630	35.6
1991	8780	29100	3017	23920	25260	9470	31.4

注：从1860年至1917年，按俄罗斯国界计算；从1918年至1940年，按两次大战之间的国界计算；从1940年至1991年，按1991年前苏联国界计算。

资源来源：法国《国际经济学》季刊1993年第54期。

与苏联形成鲜明对比的是，由于糟糕的经济表现以及西欧与日本的霸权挑战，美国对两极争霸的前景表现消极。美国寄希望于东西方的缓和，尤其是两国从敌对走向谈判的事实给予美国政府及其国内对苏联的缓和行为抱有相当的期待与认可。理查德·米尔豪斯·尼克松（Richard Milhous Nixon）总统也强调："我们并未从苏联带回立即和平的承诺，不过我们带回了足以开启长期和平过程的契机。"美国民众也对苏联表现出与之前截然相反的态度。盖洛普民间测验显示，1973年公众对苏联的信心升至冷战以来的最高点。45%的受调查者对苏联的感知是正面的，在1967年只有19%，50年代则低至3%。[1]

---

[1] ［挪］盖尔·伦德斯塔德著，张云雷译：《战后国际关系史（第6版）》，中国人民大学出版社，2014年版，第73页。

（二）"石油美元"制度的建立

美国对苏联的缓和政策只是该阶段的一个时代缩影，美苏军事实力大致相当的状况表明，经济实力的日益接近才是导致美国"政策软弱"的主要原因。虽然美国经济总量与质量依然保持着对苏联的绝对领先，但布雷顿体系内部金融霸权的衰落使这个资本主义霸权国产生了巨大的危机感。当美元在该阶段的霸权地位崩溃之后，美国被迫进入长期的经济动荡时期，其经济严重衰退、国内恶性通货膨胀、房地产泡沫和股市恐慌等多个因素严重打击了美国经济，美元已不可能恢复到"黄金美元"阶段的地位。但是，石油危机对资本主义世界经济的冲击使美国意识到，美国可以通过与石油挂钩实现其美元霸权货币地位的恢复。

事实上，美国在 20 世纪 60 年代已经意识到美元的固定汇率制已经无法维持下去，否则必将损害美国的利益。因此，浮动汇率制是其必然选择。但是，为了保住美元的霸主地位，以及美国在布雷顿体系的绝对领导权，美国看中了石油的"黑金"属性。随着世界各国相继进入工业文明阶段，石油作为工业文明血液的价值将日益上升。随后，1973 年的石油危机给布雷顿体系成员国所带来的影响使石油的战略地位更加凸显。因此，在 1972 年到 1974 年三年间，美国通过外交手段成功说服核心产油大国沙特阿拉伯，签订了一系列的合作协议，规定 OPEC 的石油销售必须以美元计价，同时成立美国——沙特阿拉伯联合经济委员会，正式确立了"石油美元"体系。这项合作强化了布雷顿体系甚至经互会体系成员国对美元的需求，巩固了美元摇摇欲坠的霸主地位，同时也使美国以合法方式进入并主导石油市场。美国与沙特借合作协议形成了战略同盟，美国保证沙特在欧佩克的地位和权力，而沙特则通过其地位与权力，通过影响甚至决定欧佩克的石油生产，人为制造石油的过剩与稀缺，不仅迎合美国对外政策的需要,也迎合美元霸主地位的战略调整需求。①

"石油美元"体系的建立,是美国战后继布雷顿体系方案后的又一创举,它对美国的好处显而易见:一方面,美国可以主导国际石油贸易市场,并借此敲打成长起来的欧洲与日本,巩固自身在布雷顿体系的地位;另一方面,美国将美元的币值决定权牢牢抓在自己手里,并且不受国内货币政策和经济政策的束缚,美元在成为全球货币的同时也意味着美国享有铸币权,使其可以较小的代价为其庞大的内政外交政策提供巨额资金,巩固其超级大国的地位。正如基辛格所言:"谁控制石油就控制所有国家;谁控制粮食就控制全人类;谁掌握国际货币就控制了世界。"

但是,"石油美元"制度也有负面影响。它使美国的欲望极其膨胀,美国日益不节制的美元消费需求引发了一系列国内及国际问题,而美元的国际霸主地位则帮助美国将绝大部分的经济问题输送到他国,与其有金融往来的国家,尤其是布雷顿体系成员国的发展成本大幅上升。换言之,布雷顿体系成员国被迫为美国的发展问题买单。例如,1973年石油禁运引发资本主义世界滞胀时,美国通过大肆印发美元将其经济衰退压力转嫁给其他布雷顿体系成员国,而这些国家因此所积累的大量美元却因20世纪70年代后期的恶性通货膨胀而大幅贬值,这些国家的央行为了消化日益积累的美元储备,开始四处投资发展中国家,将通货膨胀的压力带给了其他国家,给全球金融带来了深刻影响:一方面,布雷顿体系从投资发展中国家的行为中获得大量利润,并不准备放弃这种投机行为;另一方面,被投资国虽然知道大量美元的涌入最终会冲击实体经济,但美元所制造的虚假繁荣严重影响了

---

① [美]比伦特·格卡伊、达雷尔·惠特曼著,房广顺、车艳秋译:《战后国际金融体系演变三个阶段和全球经济危机》,《国外理论动态》2011年第1期,第18页。

当政者的判断，对金融系统的问题视而不见。直到 80 年代初期，美国的经济压力减弱。为了保证美元的地位与形象，美联储通过提高利率扼制通货膨胀，布雷顿体系成员国与发展中国家早已陷入美元陷阱不可自拔，后者更是陷入严重的经济衰退。此时，为保证布雷顿体系的正常运转，也为解决来自苏联的军事压力，里根提出所谓的"星球大战计划"，巨大的军事投入吸纳了过量的美元，同时也刺激了美国的房地产市场的异常繁荣。这次房地产泡沫最终以股市大跌为结果，再次重创美国经济，并且引发其他布雷顿体系成员国的经济大动荡。

总之，进入"黄金美元"阶段以来，国际形势发生了新的变化。

在全球层面，苏联与美国的差距急速拉近，并在全球范围内形成对美国的挑战态势。同时，经互会体系与布雷顿体系经过"黄金美元"阶段的发展逐步开始脱离美苏的全面控制，展现出国际金融行为体的半独立地位，而他们作为国际金融的主要群体行为体（施动者身份），其互动进一步推动了国际金融体系的变迁。在体系内部层面，经互会体系与布雷顿体系进一步建构群体性认同，并经由成员国的互动改革各自体系，包括权力分配格局。成员国对体系权力，尤其是体系霸权改革的能力与欲望在日益增强，体系权力的金字塔模型分配格局面临重大挑战。但是，美苏之间、布雷顿体系与经互会体系之间却呈现出不同的情形。

对于美国而言，"黄金美元"阶段末期，美国已经意识到布雷顿体系去美国霸权的进程正随着西欧与日本经济实力的迅速上升而日益推进，由美国打造的布雷顿体系的组织惯性已经无法保障美国及美元霸权的绝对领导地位，改革布雷顿体系以提高组织惯性成为美国必须完成的任务，而"石油美元"制度就是美国的最佳选择。"石油美元"制度成功取

第二章 战后国际金融体系演变的历史进程

代"黄金美元"制度，保证了各国对美元的需求，增强了布雷顿体系的组织惯性，同时也保证了美国的国际金融霸主地位。欧洲和日本在"石油美元"体系的规则约束下，无法有效冲击美国的体系霸权，欧洲的货币体系及相应的汇率制度因此在很长时间内被边缘化。美元因"石油美元"制度而受到追捧，之前因美国不负责任的宏观经济行为所带来的负面影响逐步消除，美元再度成为霸主货币。但是，美元因国际石油需求造成的币值持续上升与美国因军事、政治开支造成的经常账户赤字日益扩大之间的矛盾，为美元的再次衰落和布雷顿体系的进一步变革埋下伏笔。进一步而言，虽然十年滞胀严重打击了整个资本主义世界经济，美国和美元的地位也受到严重挑战，但依然没有影响到布雷顿体系的正常运行。美国通过一次次的微调整解决布雷顿体系的问题，却没有从根本上改革体系，这也为体系的崩溃埋下伏笔。幸运的是，1991年苏联与经互会的解体为布雷顿体系提供了更大的市场空间来转嫁经济问题，再一次延迟了布雷顿体系根本问题的爆发。

对于苏联而言，虽然经互会体系与布雷顿体系一样面临组织惯性降低的问题，苏联的霸权也因此遭遇经互会体系成员国的挑战，但苏联的形势要比美国乐观。同美国的霸权衰落相比，苏联日益增长的经济实力与军事实力，使其一扫"黄金美元"阶段的竞争压力，对外不仅要真正实现与美国的平起平坐，甚至要在全球范围内展现其存在性。同时，经互会体系在国际金融中与布雷顿体系的互动开始占据优势，国际金融体系的演变方向出现了暂时性的东倾。在经互会体系内部，得益于经济发展稳定与苏联的绝对优势，经互会体系作为结构的功能并未受到太大削弱，导致经互会体系成员国的认同基础并未发生重大变化，组织惯性并未发生重大改变，或者说并未降低到需要进行类似"石油美元"制度这种根本性的改革。

但是,东西方的差距并没有改变双金融体系的国际金融格局。一方面,美苏经济实力的接近并未改变苏联仍旧落后的局面,经互会体系的经济实力更是无法与布雷顿体系相媲美,换言之,东西方的国际金融权力分配并未发生根本性改变;另一方面,美苏都面临霸权认同危机。美国的认同危机虽然更严重,但通过建立"石油美元"制度切实巩固了其霸权地位,认同危机暂时性得到解除。苏联因其军事经济实力的双双提升而导致信心的过度膨胀,反而助长了其霸权行为的盲目性,导致经互会体系内部矛盾加剧,其认同基础也遭受个别成员国的挑战,大大削弱了经互会体系金融权力的合力,以及其在国际金融的竞争力,最终使得经互会体系与苏联没有实力直接打破双金融体系格局,更无法对布雷顿体系形成实质性冲击。

第四节 "全球金融"阶段 (1993—2006)[①]

一、苏联解体的原因及其对国际金融的意义

1991年12月25日,苏联总统戈尔巴乔夫宣布辞职,并将权力交给俄罗斯总统叶利钦。翌日,苏联最高苏维埃以最高决议的形式宣布苏联正式解体。国内外学者从政治、军事、经济和文化等多领域全方位对苏联解体的原因进行了研究,

---

① "全球金融"体系阶段是相对前文"平行金融"体系阶段而言的,"全球金融"代表布雷顿体系与经互会融合为统一的金融体系,代表国际金融体系进入新篇章。

第二章　战后国际金融体系演变的历史进程

一般认为苏联解体是由内因与外因共同推动的：

从内部来看，苏联在解体之前已经有了失败的迹象。"在意识形态领域，破坏性倾向战胜了实证主义倾向。"[①] 苏联作为社会主义价值观的引领者，自身却没有处理好文化价值问题。列宁主义让苏联崛起，但马列主义理论却并未得到苏联的坚守。当发现教条主义不能救苏联后转向修正主义，但当修正主义最终也被证明是错误时，苏联竟公开反对和取消马克思主义的指导地位。国家根本价值体系的混乱，导致了国家意识形态的崩溃。[②] 尤其是戈尔巴乔夫承认人类价值高于一切的"新思维"，彻底放弃苏联之前的意识形态领域，推动意识形态多元化，使西方意识形态公然进入苏联，为苏联解体奠定了观念基础。苏联领导下的社会主义阵营是以社会主义思想作为精神纽带，巩固苏联在社会主义阵营和经互会体系的领导地位。但是，戈尔巴乔夫的"新思维"彻底破坏了这层联系，将苏联与经互会体系暴露在资本主义的威胁下，在此基础上苏联糟糕的经济水平和社会现状将苏联民心推向西方，造就了苏联解体的民间基础，并最终推倒了苏联这个超级大国。

从外部看，美国是加速苏联衰落的外部诱因。尤其是经济上，二战后美国一直推行贸易管制策略，以国家公法和决策文件的形式形成对苏遏制之势。美国对苏联的管制目标也经历了从战后初期（1945—1962）阻碍苏联侵略能力的增长，到中期（1962—1989）以经济让步换取苏联政治让步，再到后期（1962—1989）以经济压力影响苏联内政。虽然美国的管制目标经历了几次转变，但均是以冷战思维对待两国

[①] [俄] 尼·伊·雷日科夫著，徐昌翰等译：《大国悲剧》，新华出版社，2008年版，第15页。

[②] 李雅君：《苏联解体的文化价值因素探析》，《俄罗斯文艺》2011年第4期，第25页。

关系。对于苏联而言，它在战后废墟中重建的压力要远大于未受战争涉及的美国，对其贸易管制使苏联在发展的道路上困难重重。而且，苏东的经济基础与经济环境也严重落后于西欧，其对苏联经济的帮助并没西欧对美国那么突出。同时，美苏之间的争霸却在极大消耗苏联本已脆弱的经济（参见表2—5[①]）。

表2—5 美国对苏联贸易管制图示

时代	战略思想	管制目标	管制内容	管制手段	重点管制对象	决策文件	国家公法
尖锐冷战（1945—1962）	杜鲁门时期：杜鲁门主义、遏制战略	防止"共产党国家的帝国主义侵略能力"	战略物资	出口限制	苏联	NSC7、NSC20、NSC48、NSC68	1949年出口管制法、巴特尔法
	艾森豪威尔时期："新面貌战略"、"解放战略"	阻碍中苏战争潜力的增长、延缓中国的工业化	对非战略物资加以缓和，对战略物资严加控制	出口限制、进口贸易限制、财政金融限制	中国	NSC152、NSC5704	

[①] 刘方敏、张民军：《解读经济"铁幕"——评〈美国的冷战战略与巴黎统筹委员会、中国委员会（1949-1994）〉》，《美国研究》2002年第1期，第110页。

第二章　战后国际金融体系演变的历史进程

时代	战略思想	管制目标	管制内容	管制手段	重点管制对象	决策文件	国家公法
缓和、有限缓和（1962—1989）	"灵活反应战略"、"联系战略"	以经济让步换取苏联的政治让步，企图改变苏联的外交政策	限制对苏联的能源、大型成套设备的出口	出口管制，设置最惠国待遇与财政信贷上的障碍	苏联	W. 罗斯托的美国对欧洲苏联集团的贸易政策报告：《布西报告》	1969年《出口管制法》及1972、1974年《杰克逊·瓦尼克修正案》
新冷战（1979—1989）	"推回政策"、"超越遏制"	以经济压力影响苏联的国内政治	高新技术转让的限制	对苏联经济制裁	苏联		1979年《出口管制法》及1985年的修正案

　　从全局考虑，里根总统实施"新遏制战略"，把"封堵"变成"有限推回"；以所谓的"星球大战计划"为饵，诱导苏联大搞军备竞赛，拖垮了苏联的经济，激化了苏联的社会问题。在此基础上，美国加大"和平演变"的力度，对苏联进行观念改造，诱发苏联内外的反对势力反共。布什总统上台后，继承并强化了里根的对苏政策，实施超越遏制战略，并进一步加强"和平演变"的力度，通过推动东欧剧变诱导戈尔巴乔夫观念的进一步右转。在苏联"八·一九"事件后，暗中全力支持叶利钦等分裂势力，最终促成苏联的和平解体。以上的分析代表历史学界的主流观点，但本书认为，苏联的解体实际上是美苏金融权力对抗失败的结果。

　　冷战期间，虽然美苏的国家实力已远非其他国家可以比拟，两大阵营实力不会因为个别国家的倒戈而发生实质性改变，但是冷战时期的意识形态对立使美苏并不希望本阵营内出现背叛的可能性。确切地说，是不希望被对方阵营证明他体系意识形态的优越性，进而影响本阵营意识形态统治的权威性与稳定性。而且，布雷顿体系与经互会体系的建立实际还为美苏的经济发展与经济问题转嫁提供了巨大的市场，保证美苏争霸时的物质基础与经济稳定。因此，打击对方体系、争夺国际金融权力成为美苏的直接目标。一般来说，国际金融权力包括两个方面：一是由国家经济（金融）实力所派生出的国际金融权力，即联系性权力；二是金融体系所赋予的体系性权力，即结构性权力。对于布雷顿体系和经互会体系而言，因为二者不属于同一体系，且作为超级大国的美苏可以最大限度地支配体系权力（体系制度对美苏霸权的制约效果有限），因此，两国最大的目标是扩大结构性权力，而扩大的最佳方式是扩大所在体系在全球金融中的权力。当然，与后来的"全球金融"阶段不同，美苏争霸时期对国际金融权力的争夺只是客观性的成果，确切地说，两国并未将争霸的重点放在国际金融领域，这主要有以下两个原因：一方面，冷战时期军事安全的绝对优先性。二战后，虽然和平与发展成为国际社会发展的普遍观念，但此时社会主义与资本主义的理论发展与东西方的观念对立决定了美苏对峙的军事优先性，双方均有打压甚至消灭对方的意图，军事权力是保证本国和打击对方的最根本的物质保障。而金融权力作为和平时期的主要争夺对象，其战略价值在冷战时期这一特殊阶段无法得到充分体现；另一方面，统一的国际金融体系缺位。正如上文所述，布雷顿体系与经互会体系在巩固两极体系稳定与和平的基础上，也杜绝了融合的可能性。世界缺乏一个统一的国际金融市场与国际金融体系，东西方彼此对立的国际金融格局限制了金融权力的实施。美苏领导下的两大体系均可以实现自给自足的发展需要，金融权力因此屈从于军事权力与政治权力之下。

基于以上两点原因的考虑，冷战时期的国际金融权力并没有得到类似军事权力程度的倚重，美苏对金融权力的争夺也因此并没有上升到国家战略的高度。客观地说，美苏在该阶段的金融权力并不对称。美苏两国虽然并称为超级大国，只是在综合国力方面大致相等，但两国并非在军事、政治与经济等领域处于同等位置，苏联的经济实力要远远弱于美国。因此，与其说是美苏在国际金融领域争霸，倒不如说是苏联对美国的经济追赶，客观上形成了对美国金融霸权的挑战和金融权力的争夺。

从现实建构主义的角度看，战后国际社会普遍认可的和平与发展观念为美苏争霸创造了和平争霸的观念环境，东西方的意识形态对立并未冲破这个约束，意识形态分野固化为对立且稳定的观念结构，美苏两国相继建立的国家阵营正是这种观念结构的现实产物。在国际金融中，美苏及两大体系共同建构了国际金融权力结构，而他们之间的互动则推动了国际金融体系的发展。客观地说，对于美苏而言，两国及两大亚国际金融体系的对峙不符合双方的根本利益，双金融体系的格局最终会整合为统一的国际金融体系。这是历史发展的自然选择。

就认同方面而言，美苏对各自意识形态的坚持是两国指导本国及本阵营生产与发展的指导思想，也是保证本阵营团结与稳定的观念因素。战后，美国超越英国成为资本主义第一强国，通过马歇尔计划要求西欧深化政治体制改革，并对苏联和东欧国家提出更苛刻的要求使其退出，强化了西欧的资本主义思想烙印的同时也剔除了社会主义思潮的隐患。随后，苏联针锋相对地提出了莫洛托夫计划，强化了社会主义阵营的思想统一和政治团结。对于各自阵营的国家来说，他们的国家制度首先决定了对美苏的认同基础。战后百废待兴，主体间认同的相似性，强化了各国对相同意识形态的认同度，也强化了其对不同意识形态的敌对情绪。布雷顿体系与经互会体系就是两大意识形态的体系化。对于两大体系而言，或者说对于具有决定性影响的美苏关系而言，意识形态的胜利将直接决定国家观念结构的稳定，以及政权的稳定。戈尔巴乔夫的"新思想"实际就是对列宁主义的否定，是对马克思主义的根本性背叛，"新思想"的提出实际是苏联对美国的根本性让步，以及对资本主义意识形态的认输，这从根本上动摇了苏联的思想基础，也动摇了经互会体系的凝聚力。

对于美苏而言，两国在综合国力上虽然稍有差距，在冷战期间也因为国际环境的变化、国家政策的优劣以及外交艺术的差异而导致互有攻守，但却没有根本改变大致平衡的局面。尤其是两国在核武器与二次打击能力的相近水平，加上国际社会对和平与发展的高度认同，使得两国不敢将意识形态对立全面付诸于武力。而且，布雷顿体系与经互会体系并不仅仅是经济合作平台，也是政治合作的平台。军事、政治的相互独立与对峙，促使美苏之间、东西方间的对峙最终取决于经济实力的对决，也就是金融权力的对抗。最后，美苏争霸取决于两国金融权力的对决，而苏联孱弱的金融权力最终成为苏联解体的根本性因素。伴随着1991年苏联的解体，严重依赖苏联金融霸权的经互会体系也同时解体，其势力范围逐渐并入资本主义世界的布雷顿体系，最终整合成全球性的现代国际金融体系。

苏联与经互会体系虽然解体，但其对国际金融的意义不容忽视。对于国际金融而言，苏联的意义在于其对美国金融霸权的挑战，以及经互会体系对国际金融格局的影响。

第二章　战后国际金融体系演变的历史进程

（一）抑制美国金融霸权，推动东西方权力平衡

一方面，正因为苏联的存在，战后东方才出现与西方抗衡的国际金融力量，美国的全球金融霸权因此被推迟近半个世纪。在这半个世纪中，因为苏联的存在，美国的霸权受到严重压制。而为了消除布雷顿体系成员国对美国霸权的恐惧，获得布雷顿体系最大程度的支持以对抗来自东方的威胁，美国主动让渡部分霸权给布雷顿体系以实现权力约束。在此背景下，其他国家的经济实力得到迅速恢复与发展，为进一步抑制美国霸权争取了时间。当苏联解体时，欧洲与日本已经初步具备成为新"极"的经济实力，成为从布雷顿体系内部挑战美国霸权的重要力量。另一方面，苏联为与美国争夺霸权，也帮助东欧国家恢复并增强了经济实力。在二战后初期，尤其是"黄金美元"阶段，经互会体系成员国普遍遭受战火摧残，国家重建物资有限，计划经济模式在协调各国生产、提高物资利用率方面发挥了巨大的作用，为经互会体系成员国的战后经济发展提供了强大的助力，很好地完成了战后重建任务。从这个角度来说，苏联推行的计划经济模式功不可没。经互会体系成员国经济实力的提升对拉近东西方的经济实力差距、建构国际金融权力结构有着正向推动作用。

（二）建构国际金融体系，平衡金融权力分配

布雷顿体系与经互会体系在美苏霸权对峙下，实现了彼此的独立与对峙，即形成了双金融体系的国际金融现象。双金融体系是两极格局在国际金融的延伸，是保证战后东西方在不同的意识形态下实现和平与发展的重要制度创新。双金融体系的格局，赋予东西方在经济实力严重不对等和战后经济实力孱弱的情况下公平获得金融权力份额的机会，也保证了经互会体系成员国经济的长足发展。"在1950—1984年间，苏联国民收入、工业总产值分别增长9.9和14倍，保加利亚

105

为14和29倍，匈牙利为5.1和9.2倍，民主德国为7.6和11倍，波兰为5.9和14倍，罗马尼亚为17和38倍，捷克斯洛伐克为5.3和9.4倍。而在1950—1982年间，美国国民收入、工业总产值则分别增长1.8和2.1倍，英国为1和0.9倍，法国为2.9和2.9倍，联邦德国为3.4和3.9倍，意大利为3.1和5.3倍。"[①]

那么，苏联与经互会体系的解体自然会引发国际性的影响——国际金融环境发生剧变，美国及布雷顿体系失去竞争对手，冷战思维日益淡化，资本主义模式逐渐渗透东方。在20世纪90年代初经互会体系崩溃之初，布雷顿体系的扩张成为该阶段最主要的国际现象。在冷战期间，经互会体系从经济和政治与军事两个方面影响着布雷顿体系的发展，成为其最大的外部威胁。一方面，经互会体系市场成为布雷顿体系过剩生产能力的主要市场，有效缓解了资本主义世界的固有矛盾，客观上帮助美国避免了布雷顿体系的根本性改革，保住其布雷顿体系领导者的地位。另一方面，经互会体系客观上限制了布雷顿体系东扩的野心，对两大体系内部的团结与稳定也起到了非常重要的巩固作用，客观上维护了国际政治与经济环境的和平与稳定。冷战后，经互会体系对布雷顿体系的制衡能力消失，后者的内部矛盾开始凸显，美国对布雷顿体系成员国的控制能力减弱，欧洲与日本的崛起改变了国际金融的实力对比，也改变了全球金融体系的权力分布，美国的领导力遭遇空前挑战。

对于美国而言，冷战期间所建立的世界银行与国际货币基金组织的架构保证了美国对于资本主义世界的绝对领导权，布雷顿体系成为其对抗苏联及经互会体系的制度性力量。冷

[①] 李慎明：《苏联解体与世界格局》，人民网，http://theory.people.com.cn/GB/14563540.html（上网时间：2017年11月21日）。

第二章 战后国际金融体系演变的历史进程

战后，虽然美国对布雷顿体系的控制力减弱，进而影响到他的国际金融权力，但美国却因其唯一的超级大国身份而对体系各国拥有绝对的号召力。尤其是合并后的"全球金融"体系的权力结构设计并没有发生根本性改变，决策机构依然是以美国为首的G7。在G7的领导下，确切地说是在美国的领导下，全球经济模式转变为新自由主义经济，西方的经济欲望在新自由主义的引导下不加掩饰地爆发出来，互联网与全球信息革命加剧了金融资本的集中与虚拟经济的过度繁荣，最终以金融危机的形式爆发。

与冷战时期不同，冷战后苏联与美国、经互会体系与布雷顿体系的对立基础基本消失，社会主义与资本主义两大阵营在经济与军事等领域的全方位对立最终以社会主义阵营的失败而告终。尤其是经济领域，经互会体系的计划经济模式被认为是苏联解体的经济原因，经互会体系因此也被后世的经济学家认为只是经济分工与协调的组织，而不是真正意义上的国际金融体系。转账卢布的货币设计和计划经济的体制设计使经互会体系与布雷顿体系的差距越拉越大，最终在经济上败北。

二、苏联解体后的"全球金融"体系

在苏联解体后初期，美国作为唯一的超级大国和布雷顿体系的主导国，理所当然地主导，甚至支配了国际金融体系的发展，金融体系虽然稳定，但缺乏起码的相互制约、协调平衡的功能，美国意志约等于体系意志，因此，不存在真正意义上的体系权力结构。随着经济全球化和世界多极化逐渐成为现实，美国的相对衰落使其无力阻止其他国家的崛起，更无法改变自身权力被分割的命运。一方面，全球经济的蓬勃发展导致体系的维护成本日益扩大，相对的美国维护体系的收益呈下降趋势，导致其维护意愿逐渐降低；另一方面，其他国家经济实力的崛起直接或间接地挑战了美国的霸权，分散了原本集中于美国的体系权力，不仅动摇了美国支配下的体系权力结构，而且也增加了美国维护体系权力结构稳定的压力。支配权的丧失意味着体系部分特权的丧失，但如果不放弃支配权，也要面对因为维护体系的高成本而导致经济实力下降，最后不得不让出支配权的命运。此时，美国意识到，独霸体系的意愿已经不切实际，为了避免体系主导权的旁落，必须借助国际组织的权力结构实现本国意志的有效贯彻。体系权力作为美国国家权力的重要补充，成为其继续主导全球经济发展的助力。当然，美国在借助体系权力结构贯彻自身意志的同时，也必须付出代价，即尊重体系的权力意志，这也就意味着体系权力可以成为其他国家挑战美国权威的重要手段。比如：20世纪70年代开始，巨额的财政赤字和信用扩张政策使美国的通货膨胀问题加剧，滞胀引发美国国内严重的政治和经济问题并引发美元危机，并最终形成波及整个资本主义世界的经济危机。而当时美、日、欧的经济力量对比早已发生重大改变，原先美国独大的资本主义世界的经济体系最终被颠覆，取而代之的是经过艰苦博弈建立起来的牙买加体系[1]，不仅美元的绝对霸权地位被打破，而且确立了新的体系权力机构——七国集团（G7），而该阶段也展现出其时代特征：

  首先，布雷顿体系与经互会体系的体系性对峙意识消失。

  在东欧剧变后，绝大部分国家转向资本主义制度，社会主义阵营遭受重创，其政治、经济与军事实力全面下降，已经无法对资本主义阵营构成威胁，意识形态的对立基础已经丧失，布雷顿体系与经互会体系的体系对峙也失去了土壤。

---

[1] 1976年4月，IMF理事会通过了《IMF协定第二次修正案》，主要内容包括黄金非货币化、储备货币多样化和汇率制度多样化，标志着国际货币体系进行牙买加体系时代。

对于布雷顿体系而言，原经互会国家改弦更张后成为布雷顿体系成员国的美元储备的投资去向，剩余的社会主义国家已经无法对其构成实质性威胁，而且对峙所消耗的成本远大于收益，对峙已经失去意义。对于社会主义国家而言，一方面，东欧剧变对社会主义制度的意识形态冲击已使他们应接不暇，维稳与发展几乎占据了政府所有的工作，与布雷顿体系对峙已经有心无力。另一方面，出于国家安全的考虑，这些国家并不想与资本主义对峙，而且希望修复甚至融入由西方主导的国际金融体系。

苏联的解体，自然意味着经互会体系的解散。后者作为苏联团结社会主义阵营、制衡布雷顿体系的作用适时终止。布雷顿体系的胜出，彻底改变了国际金融的两极格局，计划经济在经济发展模式上的失败直接造成国际社会对社会主义体制的质疑，原经互会国家纷纷效仿俄罗斯进行经济体制改革，全球社会主义国家仅剩下中国、古巴、朝鲜、越南和老挝。在此背景下，国际金融环境也随之发生剧变。

其次，资本主义全球化与金融体系一体化悄然形成。

随着资本主义的全面胜利，资本主义浪潮席卷全球，多数国家进行资本主义市场经济改造，资本主义生产方式和金融制度成为经济全球化的最主要特征，G7领导下的布雷顿体系整合了包括经互会成员国在内的世界上绝大多数的国家，真正实现了跨国界、跨文化、跨区域、跨意识形态的全球金融体系。

最后，权力斗争由体系间转变为体系内。

苏联与经互会体系的解体改变了布雷顿体系的外部竞争环境，随着新成员国的加入以及体系外压力的骤减，原本美国与苏联、布雷顿体系与经互会体系的金融权力斗争，转变为全球金融体系内部的权力争夺，美国与其他国家的权力斗争矛盾成为新阶段的主要矛盾。随着欧洲与日本经济实力的日益接近，他们对美国在体系内的霸权做法越发不满。新加入的成员国，尤其在全球化浪潮中实现经济爆炸式发展的新兴大国，也日益渴望权力来保证自身的权益。总之，外部竞争压力的消失，以及新阶段各国间经济实力水平对比的严重改变，促使全球金融体系进行新一轮的权力分配改革。

三、"全球金融"阶段的权力斗争

（一）多极化的权力结构转变

在"全球金融"阶段，美国成为唯一的超级大国，世界再无国家能与美国相抗衡，但是得益于相对和平的国际政治环境、美国马歇尔计划的经济支持以及各国自身的努力，欧洲与日本的经济实力也在战后极短的时间内快速恢复到战前水平，并逐渐在经济发展速度方面超越美国，成为美国在国际金融领域的新挑战者。不同于苏联的是，欧日与美国一样同是资本主义国家，不存在美苏的意识形态对立问题，并且欧日在经济实力与综合实力等方面虽呈追赶之势，却仍无法与美国相抗衡，并没有根本性地改变"一超"的局面。

冷战后再未出现综合国力与美国抗衡的国家，国际社会对于两极的讨论与研究也暂告一段落。这也就意味着两极格局所达成的国际政治与经济的权力均势结构被打破，美国一国独大的局面很快将使得美国国家欲望转化为对他国利益的侵占。但是，最终的结果是国际社会经过短期的动荡之后，又回到"均势"世界，这使得梅特涅（Metternich）和俾斯麦（Bismarck）的均势世界理论再一次得到证明。在该均势世界里，一个强国操纵着它们的邻国，并为自身谋取利益，国家间的关系而非国家的实力成为考察的对象，由于前者永远是多边的，因此，世界也被认为是多极的。因此，尽管从集团本身的存在推断两极态势混淆了国家关系与国家实力，但集团的瓦解却被视为标志着两极的终结。两极格局的确立源于

第二章　战后国际金融体系演变的历史进程

集团领袖超强的综合实力,而非因为两个国家集团的彼此对立。[①]

对于冷战时期的国际政治经济格局而言,两极的对立从来只是指美苏的对立,而不是布雷顿体系与经互会体系的对立。两大体系成员国的增减并不可能根本性地影响到两极对立情况的改变,换言之,国家实力才是国际政治经济格局的参照依据。进一步而言,多极格局也只是因为国家实力的接近而导致的权力分配的改变。

在评估国家实力方面,多数学者喜欢进行数学计算,将政治、经济、军事、文化等多个因素的数值进行简单相加,得出国家综合实力的排名。这种计算方法对于美苏两极的确立有着无可争议的优势,事实上,仅通过观念上的感觉也能得出两极的结论。但是,综合国力的计算方式却不利于其他国家的定位,因此,将政治、经济、军事、文化等分开评估成为这一数字游戏的新选择。基辛格就曾表示,权力不再是同质的,就军事权力而言,美苏是当之无愧的两极,但在经济实力方面则"至少有五个集团"。当然,他也进一步强调:"纵观历史,军事的、经济的以及政治的潜力是密切相联的。要成为强国,并不能确保政治影响力。经济巨人在军事上也可能十分弱小,而军事力量也无法掩盖经济上的脆弱。而有些国家甚至在既不具备军事实力也缺乏经济实力的情况下,也能在政治上发挥影响"[②]。

因此,如果某国仅在某一领域而非全方位具备强大实力,他国可能会只注重该领域而非全部,该国也就被他国认定为某一领域的大国。这在国际上很常见,比如中国被认为是人

[①] [美]肯尼思·华尔兹著,苏长和译:《国际政治理论》,上海人民出版社,2008年版,第138页。

[②] Kissinger, Henry A, "At Pacem in Terris conference", *News Release*, *Brueau of Public Affairs*: *Department of State*, October 10, 1973, p. 7.

口大国，俄罗斯则被认为是军事大国，而日本因其经济实力被其他国家辨识。当然，某些国家并非只有一种特征，比如日本还可以被称为科技大国，现在的中国还是经济大国。在此，当本书仅讨论全球金融阶段的金融权力时，很容易发现美国虽然还是第一大经济大国，但西欧多国与日本也已经跻身经济大国的序列，经济多极化已经成为不争的事实。

对于全球金融体系而言，经济多极化所带来的最大影响便是国际金融权力结构的调整。欧洲与日本经济实力的迅速窜升，导致他们与美国在国际金融方面的利益交集点增多，并不可避免地带来更多的冲突与矛盾。欧日的经济实力增长赋予他们摆脱美国制度枷锁的筹码，而且原经互会体系成员国的加入，使布雷顿体系的金融权力结构分配理所当然地进入了调整阶段。以权力核心为例，在 G7 成立之前，也就是"黄金美元"阶段，美国以一己之力承担起布雷顿体系的管理职能，得到各国的认可。但是，当进入"石油美元"阶段，也就是资本主义黄金期之后，主要资本主义国家的经济形势急速恶化，资本主义世界出现滞胀的十年，美国的金融权力下降到已无法独立管理国际金融体系的地步，G7 为填补美国因金融权力衰退而造成的权力真空而成立。后来，随着美欧日金融权力的此消彼长，虽然美国的超级大国地位不可撼动，却无法阻止 G7 金融权力膨胀的进程。这个过程非常地缓慢，但却在有条不紊地进行中（参见表 2—6）。

表 2—6　七国/八国集团机制的演变[1]

1973 年	各国财长开始不定期举行会议
1975 年	各国财长开始在首脑会议的同一地点举行年度会议

---

[1]　[美]约瑟夫·M. 格里科、[美]G. 约翰·伊肯伯里著，王展鹏译：《国家权力与世界市场》，北京大学出版社，2008 年版，第 278 页。

第二章　战后国际金融体系演变的历史进程

1975年	开始每年举行三至四次筹备会议
1977年	国际核燃料循环评估工作组开始工作
1978年	在首脑会议的同一地点举行四方贸易部长会议
1979年	国际能源技术工作组建立
1982年	四方贸易部长会议单独举行每年一度的首脑会议，地点同G7首脑会议
1984年	各国外长开始单独进行每年一度的会议
1985年	建立了关于非洲撒哈拉以南地区提供援助的专家组
1986年	开始每年召开三到四次甚至更多的财长会议
1989年	金融特别行动小组成立
1990年	对俄援助长期工作组成立
1990年	化学品特别行动小组开始举行会议
1992年	核安全工作组成立
1993年	四方贸易部长会议在首脑会议地点举行
1993年	各国财长和外长举行关于对俄援助的专门会议
1994年	环境小组举行年度首脑会议
1994年	举行会议讨论乌克兰的经济援助问题
1995年	四方贸易部长会议在首脑会议地点举行
1995年	反恐专家组开始工作
1995年	关于跨国有组织犯罪的高级专家组建立
1996年	就业小组开始每年一度举行会议
1997年	关于金融犯罪的专家组成立
1998年	讨论能源问题的会议召开

资源来源：根据以下材料编写：Peter I. Hainal, The G7/G8 System: Evolution, Role, and Documentation (Aldershot: Ashgate, 1999), pp. 36–37.

G7金融权力的壮大是美国对集团治理模式的认可，也是其默认自身金融权力衰退的事实。G7对美国金融权力的影响与苏联时期不同,后者是在双金融体系架构下,对全球金融霸权的争夺,若失败将根本性地威胁到美国的霸权统治。而G7则是有美国参与,并以美国为核心的资本主义金融权力调整方案。以美国当时的综合国力和金融实力,以及主要资本主义国家的经济增长速度而言,G7反而成为美国花极小的代价实现体系霸权制度化的平台,因此,得到美国的支持与认可。这是"黄金美元"体系的重要成果,也是国际金融体系民主进程的重要组成部分。但到了"全球金融"阶段,国际金融权力结构改革的环境又发生了改变。

(二)欧洲与日本对权力结构改革的努力

在"石油美元"阶段时,西欧与日本已经对美国的体系霸权表现出不满,尤其是美国造成资本主义国家十年滞胀的行为严重损害了美国的国际形象,西欧、日本对美国的认同第一次下降到质疑其霸权合法性的地步。这对美国是一个非常严重的打击,也是迫使其默许欧洲一体化与货币一体化的直接原因。

对于美国而言,西欧与日本的繁荣是其压制东方社会主义思潮侵蚀和展现资本主义优越性的重要武器,也是强化西方资本主义经济与军事威慑的主要手段。但是,这是以保证美国霸权为根本前提的。当十年滞胀严重损害西欧、日本对美国的霸主身份认同,以及他们的经济实力日益挑战美国治下的金字塔式权力结构时,美国主动对西欧、日本的发展进行了必要的压制。就方式而言,通过建立"石油美元"制度,美国弥补甚至强化了"黄金美元"时代的美元霸权,强化了美元国际货币的地位。同时,对仅用美元进行石油交易的规定,也严重削弱了欧洲货币一体化(后来的"欧元")的国际地位和影响。

对于欧洲而言,布雷顿体系作为欧洲经济复兴的核心部分，影响了欧洲大陆主要大国的政治经济立场，消除了各国原有的贸易壁垒。同时，借助美国的霸权威慑，保证了战后欧洲内部的政治、文化、军事和经济等多方面的顺畅交往，这对欧洲而言非常重要。但是，布雷顿体系作为在欧洲整体衰落的情况下被外力强行建立的合作机制，是特定时期地缘政治的产物，欧洲若想在美国日益膨胀的权力欲望与日渐衰落的权力霸权矛盾中维护自身利益，必须在该制度的基础上全面推进欧洲一体化进程，而货币一体化的推进至关重要。1970年欧洲设计了货币一体化雏形，并为1980年成立欧洲货币共同体提出具体规划。但是，"黄金美元"体系的崩溃与石油危机使该规划暂时搁浅。随着经济的恢复与欧洲市场的繁荣，欧洲对自主能力和金融权力的渴求逐渐恢复，并于1979年建立了欧洲货币体系，这为欧洲货币共同体的建立奠定了基础。1989年，当苏联在与美国的争霸中颓势渐显之际，德洛尔公告再次勾画了欧洲货币共同体的蓝图，该蓝图成为协调欧洲各国经济合作与财政政策的指导方针，并最终帮助欧洲摆脱美元霸权、实现欧洲货币一体化。[1]

欧洲货币共同体强化了欧洲共同体的金融权力，为后来欧洲联盟的金融权力的整合创造了货币基础，也成为欧洲挑战美元货币霸权的核心手段。在建立欧洲货币共同体即后来的欧元的时候，欧洲所倚仗的是欧盟的政治合作基础，而非区域货币的自然选择。换言之，欧元并非建立在欧盟区域经济一体化和贸易一体化的经济基础之上，而是欧盟急于摆脱美元的货币霸权和国际贸易束缚所做出的政策选择。该选择实际上一种政治妥协，为了达到这个目标，欧盟实际上放弃了对个别成员国的苛刻要求，而且各国亦不愿因为欧洲经济

---

[1] 雅各布·芬克·科克加德：《危机的政治经济和欧洲一体化》，凤凰网，http://finance.ifeng.com/opinion/hqgc/20120519/6483967.shtml（上网时间：2017年11月21日）。

一体化的目标而让出本国的部分主权，导致欧元区最后缺乏一套区域经济问题应对机制和一个强化区域货币认同的权威财政机构。而欧元区内差异巨大的经济立场使欧元区的政策约束机制止步谈判桌。因此，当1999年宣布成立时，欧元区的一体化程度远未达到当初《维也纳公约》和《德洛尔公约》的设想，欧洲货币共同体也成为脱离经济学设计的政治早产儿。其后，欧盟一直延续政治指导经济的建设思路，"2005年，欧元区成了一个成员国间差异巨大、缺乏财政核心和预算约束条款，甚至没有实质性的经济融合进程的庞大组织。起先这些都不算问题，但欧元区外围国家的政府不顾本国的经济状况，以低成本的方式融资。从此，公共和私人债务剧增，从欧元区建立之初一直增长到2008年全球金融危机的顶峰。"[1]

2009年的欧洲债务危机就暴露了欧元及欧盟的尴尬局面，也证明了欧洲挑战美元霸权的货币一体化方案的失败。

欧盟近些年一直致力于一体化建设，通过希腊—罗马文化的传承、基督教的普世价值观和民族语言的同根性来强化欧洲的制度认同与身份认同，推进欧洲一体化的纵向发展。但是，如果将欧盟与原布雷顿体系，甚至经互会体系作比较会发现，欧盟的问题是缺乏中央权威，即没有霸权国推动欧洲货币共同体按照理想方案实施。而且，在欧盟内部，大国关系对欧盟金融权力的统一与实施影响巨大，比如法德关系和美英关系等，都是影响欧盟金融权力稳定性与实施性的重要因素。

首先，欧洲无法采取统一的税收分配体系来配合各国的国家政策。妥协的税收分配设计使得欧洲在出现GDP与工业

---

[1] 雅各布·芬克·科克加德：《危机的政治经济和欧洲一体化》，凤凰网，http://finance.ifeng.com/opinion/hqgc/20120519/6483967.shtml（上网时间：2017年11月21日）。

生产出口分配均衡时，制度性调控根本无法发挥作用。在美国，当劳动力从 A 州跨州迁移到 B 州并带动当地 GDP 时，美国政府可以通过转移支付来实现宏观调控，即以财政补贴、税收返还和专项补贴，以及政策性倾斜等形式弥补 A、B 两州的经济差距，从而保证国家整体经济面的平衡与发展。跟美国相比，欧洲各国之间的经济发展水平差异也不小，这也就意味着如果实施统一税收分配体系，将意味着强国对弱国的不对称补贴，而这是这些国家不能接受的（见图 2—3）。但是，欧洲与美国不同，欧洲缺乏中央权威对欧洲内部实现美国那种级别的调控，就制度设计而言，就是欧洲缺乏顺周期税收和支出系统[①]，欧洲大国不会允许欧盟持续不断地将本国纳税人的钱无偿投放给其他国家。

图 2—3 欧元区最强国与最弱国的 GDP 增长差异[②]

其次，重大问题的政治博弈是国家利益导向而非欧洲利益导向。

---

① 在早期关于欧盟的辩论中（在实际问题发生之前）一些学者指出欧元区缺乏联邦税收和支出系统。这个系统可以自动地从经济相对发达的地区将资源转移到经济相对缓慢的地区。

② 参见 UBS1996 年报告《1996 UBS Redux: Who Should Have Been In The Euro?》。

顺周期税收和支出系统导致欧洲无法在第一时间解决经济发展不平衡的问题，而危机时刻的政治博弈结果则是欧洲经济理性的悲哀。当某一成员国出现问题时，事后调控甚至抢救措施实际是各国政治力量博弈的结果。与美国相比，欧洲因为没有相对应的欧洲中央财政部和欧洲中央储备银行等机构，无法及时处理欧债危机时的信用风险和流动性风险，导致欧债危机的泛滥与严重化。而事后抢救措施却是各成员国在多番讨价还价中勉强出台的"中间方案"。重新审视这个政治博弈过程时会发现，自2009年11月希腊债务漏洞被发现到2011年12月欧洲理事会宣布新重大举措，中间相隔两年之久，而所谓的重大举措也只是没有强制约束力的协调方案而已，可见欧洲在整合权力、实现整体调控方面的失败（见表2—7）。

表2—7 欧债危机时间线

2011年7月	对希腊新的援助计划，私人投资者自愿参与，同时更低代价的融资
2011年10月	比利时国有化Dexia银行
2011年11月	希腊总理帕潘德鲁宣布公投欧盟成员资格，但是后来辞职。意大利的贝卢斯科尼辞职
2011年12月	欧洲理事会宣布新的重大举措，在以下两个方面： 新的财政紧缩和强化经济政治合作 发展稳定工具来面对短期的挑战
20019年11月—12月	希腊债务漏洞被发现
2010年3月	欧盟财政部长同意采取行动支持希腊
2010年5月	在德国地方选举结束的第二天，对希腊的贷款被批准
2010年10月	默克尔的联合政府提议私人部门参与，德法"多维耶协议"
2010年11月	爱尔兰开始和欧盟谈判，讨论援助贷款
2011年3月	欧盟理事会同意了一个新的经济金融监管框架

第二章　战后国际金融体系演变的历史进程

总之，欧洲致力于深化一体化建设来形成群体性优势，从制度、货币与权力等方面挑战美国的体系霸权。但是，欧洲妥协的政策设计和核心国的缺失成为制约其金融权力完整发挥的根本性障碍。

不同于欧洲的群体性作战策略，偏居东亚的日本因地缘政治关系无法在金融权力层面形成集群优势，其民族危机感迫使其在二战后大力实施"贸易兴国"的战略，期望在被军事限制的情况下实现民族复兴。

在经济连续的"高速增长"奇迹下，日本于1968年超越西德成为资本主义第二大经济强国，并逐渐在经济方面对美国形成威胁。剧烈膨胀的经济实力也膨胀了日本对金融权力的渴望，日本国内出现渴望获得甚至超越美国体系霸权的野心。日本对体系霸权的挑战验证了经济实力转换为体系霸权的可能性，但也证明了经济实力并非完全等于体系霸权。即使成为世界最大的债权国与最富有的国家，日本依然在挑战美国体系霸权中失利。这其中既有美国作为霸权国的先占性优势的原因，也与其强大的金融权力相关。对于美国的无理要求，无论是在20世纪60年代末要求日本"自主限制"出口，对美开放进口，还是1971年的"尼克松冲击"，亦或是1985年的"广场协议"都是基于美日金融权力博弈的结果，而90年代以来连续多年的新自由主义改造，更是对日本金融主权的直接、彻底的压迫。1965年日本实现对美贸易逆转，日本的贸易顺差优势逐年增加，并且在越来越多的产品领域与美国形成竞争甚至是压倒性优势。1985年，在美国的威逼利诱下，美日签订了著名的《广场协议》，迫使日元对美元大幅升值，日本因此不可避免地出现"泡沫经济"，并在90年代初迎来"日本时代"，日本迎来其金融权力的巅峰阶段。

● 国际金融体系改革与"一带一路"

1997年的亚洲金融危机之后,也就是布雷顿体系整合经互会体系以来最大的金融危机之后,国际社会对国际金融体系的表现普遍感到失望,美欧日历经三年的协商,终于对IMF进行了艰难的改革,无论是发展中国家还是发达国家都提出了自己的看法。该阶段的危机最为突出的特征主要有两点:一是美欧日的金融权力斗争进一步深化;二是原经互会体系及其他发展中国家表达自己的权力诉求。

对于欧日来说,亚洲金融危机是他们对美国霸权发起进一步挑战的契机。尤其是日本,欧洲一体化进程大大提升了欧洲作为国际金融权力结构重要一"极"的地位,也将日本甩在了后面。而且,日本并非马歇尔计划的受援国,也离美苏权力斗争的风暴中心很远,造成日本在权力分配与认同分配上都与欧洲存在不小的差距。因此,日本抓住这次机遇,于1998年12月将日本版的国际金融体系改革方案递交到七国首脑会议,将改革推进到实质进程。日本在该方案的第三条建议IMF应创新融资制度,允许IMF向市场筹措资金以应对危机时期可能发生的流动性不足的问题。"在欧洲、亚洲与西半球等地设立多个货币基金,把世界银行集团的担保职能与多边投资机构(MIGA)统一作为担保基金,为发展中国家发行债券担保";在第八条建议中又提出,"IMF援助需要民间部门参与,条件是有民间金融机构维持融资余额,担保借换债"。[①] 日本的意图显而易见,希望将本国的经济优势转换为金融权力,减弱美国在国际金融,尤其是亚洲金融中的金融权力。第三条建议的核心实际是设立亚洲货币基金,而该条中的筹措资金与第八条实际隐藏着日元国际化的战略目标。但是,美国并没有让日本的意图得逞,日本的主张最

---

① 李秀石:《日欧美与国际金融体系改革》,《现代国际关系》2000年第12期,第13页。

第二章　战后国际金融体系演变的历史进程

终止步在方案讨论阶段。

  日本的失利使其意识到孤军奋战的成功希望渺茫，与欧洲合作斗美成为必然选项。在国际货币问题上，欧洲与日本有共同的利益诉求，即挑战美元的霸权地位。在具体操作方面，日本提出"弹性管理货币方案"，欧洲则主张将汇率限制在可控的范围内，二者虽有不同，但却存在交集，即对美国的自由浮动汇率制的根本性挑战。同时，日本还以提案的形式呼吁考虑新兴市场国家的利益，得到的东盟的认同与支持。但是，在1999年4月26日召开的七国财长、央行行长与IMF临时委员会会议上，"会议仅达成间接限制避险基金的协议"①，而日本最为关注的亚洲货币与货币篮子（美元、欧元和日元等）方案却遭到美国的断然否决。简言之，欧日对美元霸权的挑战触及到了美国的根本利益，一旦成功，美国的国际金融权力将遭到严重的削弱，而且是不可逆转的，美国自然不肯在这个问题上放松警惕。

  但是，美俄与美中关系的恶化影响了美日外交策略。美国在发动科索沃战争之前并未与俄罗斯好好沟通，而是在战后请求俄罗斯去说服南联盟总统米洛舍维奇，并最终将俄罗斯排挤出了东欧原有势力圈，这是对俄罗斯反西方民族主义情绪的火上浇油。而美国出动B2战略轰炸机袭击中国驻南斯拉夫大使馆，也彻底激化了中国国内的民族主义情绪。换言之，美国因为一场战争彻底恶化了与东方两个大国的关系，美国不得不暂时放下全面打压日本的策略，并增强其在该地区的影响力。于是，美国终于在科隆七国首脑会议上对部分改革方案点头，其中对日本有利的是：设立"金融稳定论坛"，强化监督与限制金融市场的国际合作；将IMF临时委

---

①　李秀石：《日欧美与国际金融体系改革》，《现代国际关系》2000年第12期，第13页。

员会升格为常设机构，并改名为"国际货币和金融委员会"；确认南美与亚洲的汇率可根据具体经济状况有所不同，代表美国默认日本获得影响亚洲汇率的权力。简言之，欧洲与日本在全球金融阶段取得了阶段性胜利，实现了对美国体系霸权的分权，而日本更是一举奠定了其在亚洲金融权力的领先地位。

在"全球金融"阶段，美国通过在经济上打乱了日本的经济发展节奏，致使后者至今未走出经济低谷，无法从经济实力层面推动体系权力结构的变革；在政策上对日本进行部分妥协，扩大了后者在亚洲的金融权力，并使其甘愿成为美国在亚太金融霸权的延伸。但这些权力并非全球金融体系权力的核心，这也意味着日本挑战美国体系霸权的失败。日本的失败，实际是其单独挑战美国霸权策略的失败。在美国所建立的国际金融体系中挑战美国霸权，却并未取得体系制度上的支持与认可，成为日本在权力斗争中失败的根本性原因。

第五节　战后国际金融体系演变的规律分析

战后国际金融体系先后历经"黄金美元"阶段、"石油美元"阶段和"全球金融"阶段，是一部国际金融的权力斗争史，也是一部国际金融体系权力结构的自我完善史。现实建构主义关于在特定结构下，国家集团互动决定国际体系变迁的理论完善了国际体系的变迁研究，且本书认为该理论同样能应用于国际金融体系的变迁研究。二战后科技浪潮与全球化浪潮重塑了国际社会政治经济结构，改变了行为体互动模式，国家间互动由政治军事互动为主逐渐转变为以经济政

第二章　战后国际金融体系演变的历史进程

治为主，国际体系结构的主导权由霸权国逐渐转变为强国集团，国际社会也由此从国际政治体系转入国际金融体系主导的社会。在此过程中，探讨国家集团在新时期特定结构中的历史推动作用便充满现实意义，尤其是以现实建构主义的理论视角进行分析。

本书从现实建构主义的视角审视这段历史发现，国际金融体系的变迁呈现出与国际体系相似的变迁规律：

一、战后国际金融体系的现实建构主义分析

自 1944 年布雷顿体系确立以来，世界政治经济的发展速度远超过去，得益于科技与文化的广泛传播，国际体系结构朝扁平化发展，多数行为体均在争夺体系权力方面表现出极大热情。但由于结构的阶段稳定性及权力分配的不合理性，多数行为体在国际金融体系的权力斗争中处于不利地位，体系被少数核心大国及其领导的强国集团所主导。在强国集团形成的过程中，核心大国凭借权威吸引力，即由政治进步、经济领先和安全责任等产生的向心力，吸引其他国家加入核心大国主导的共同体中。[①]

冷战时代由美国主导的布雷顿体系与苏联主导的经互会体系均是霸权国主导的典型，二者在建立之初的正当性最为充分，都是用于战后重建、维护金融稳定，但深受冷战思维影响的产物。由这两大微观金融结构（国际金融亚体系）所构成的双金融体系格局即当时的国际金融体系。需要指出的是，经互会体系因其偏重协调生产分工与贸易职能而被质疑作为国际金融体系的身份，但本书并不这么认为。所谓国际金融体系，"是指调节各国货币在国际支

[①] 参见郭树勇：《建构主义的"共同体和平论"》，《欧洲》2001 年第 2 期，第 18—25 页。

付、结算、汇兑与转移等方面所确定的规则、惯例、政策、机制和组织机构安排的总称。国际金融体系是国际货币关系的集中反映，它构成了国际金融活动的总体框架。"[①] 从这个角度看，经互会体系作为与布雷顿体系相抗衡的社会主义国家多边经济合作平台，即使与现代资本主义国际金融体系的定义存在差距，但并不影响其作为区域金融体系和国际金融亚体系而存在。

从整体上看，影响经互会体系与布雷顿体系的国际关系进程的是其所在的国际金融体系，它融合了国际金融物质结构与国际金融观念结构，建构作为对立关系的两大体系的身份与利益。从宏观结构来说，两大体系均是具有结构与施动者双重身份的国际关系行为体。对于两大体系的成员国而言，体系是成员国互动的结构环境，建构成员国的身份与利益，并调整与约束成员国的行为；对体系外的其他行为体，确切地说是对两大体系相互而言，二者相互独立而竞争的互动关系不断地破坏并重构国际金融体系。从微观结构来说，两大体系各自成员国的内部互动不但建构了成员国的身份与利益，并强化了对体系的结构认同，即强化了体系的群体性认同。得益于冷战思维非此即彼的结构性选择，以及社会主义与资本主义的意识形态对立，两大体系的观念结构与权力结构的对立更加明确。总之，在冷战结束前，经互会体系与布雷顿体系的根本性对立并未消除，二者内部因彼此存在外部性竞争关系而保持高度的群体性认同，并强化了二者的外部竞争力，使二者始终处于相互独立又相互竞争的互动状态，高度紧张的外部环境还迫使二者的成员国对体系主导者的权威保持高度认同，进而稳固了体系内部的权力结构与观念结构。

---

① "国际金融体系"，载百度百科，https://baike.baidu.com/item/%E5%9B%BD%E9%99%85%E9%87%91%E8%9E%8D%E4%BD%93%E7%B3%BB?fr=aladdin（上网时间：2017年11月21日）。

但是，二者在二战初期忙于国家与市场的重建工作，以及政治军事实力大致相近的现实使任何一方都无法完全战胜对方，并最终导致国际金融体系长期处于两大独立次体系平行运行的状态。

但是，随着经济全球化与政治多极化的进程逐渐加快，资本主义与社会主义阵营政治军事实力的日益恢复，两大阵营的经济实力差距日益扩大，并最终导致次双金融体系的格局被打破。苏联与经互会体系的解体改变了国际金融体系的格局，布雷顿体系逐渐吸收经互会体系而融合成完整统一的国际金融体系，彻底改变了国际金融的结构与秩序。但是，该秩序却存有巨大的隐患。虽然资本主义浪潮在苏联解体后席卷全球，全世界对社会主义的观念认同以及由此构建的观念结构日益松动，但是经互会体系与布雷顿体系观念结构与权力结构上的巨大差异注定其融合过程存在隐患，而且作为原经互会体系成员国、布雷顿体系后来者的原社会主义国家，在统一后的国际金融体系中的身份与利益待遇明显落后，且融合后的国际金融体系也因整合不利，致使多数国家对体系的认同不强，进一步增加了统一后的国际金融体系再次分离的可能。对于国际金融体系的权力集团（现为"G7"）而言，如果不能妥善处理观念结构与权力结构的巨大差异，尤其是无法妥善处理来自新兴经济体的权力分配请求时，其在金融体系的权威与利益将受到挑战。

二、观念与认同是国际金融权力结构改革的核心要素

国际金融中的安全是一种互动关系。国家的金融安全并非完全由本国所决定，而是在与他国的互动中实现的。对于国家而言，国际金融权力的根本目的是获得国家金融

安全，是保证自己在无政府的状态下实现和平与自由的发展。当国家所处的金融权力结构失去平衡时，即金融权力的分配出现严重偏差的时候，处于权力结构外围的国家就有向权力中心前进的动力。这个动力包括本国的经济实力，也包括影响他国经济政策的能力，这些构成一国金融安全的金融权力。

当国家将国家金融安全作为一国金融权力的终极奋斗目标时（事实上大部分国家都这么认为），对金融权力大国的恐惧就成为一国最关注的事情。当这种恐惧成为行为体主体间的共同理解时，就会因为主体间的行为互动形成认同框架。在无政府状态的国际金融中，自我与他者在互动中不断修正和加强对对方的认同，国家对安全的认同实际是在互动中产生并以某种制度性形式成为某一阶段的基本形态。

二战后，国际社会对军事安全的认同以及对和平与发展观念的认同实际上确立了对国际金融安全的广泛认同基础。虽然战后美苏两极格局造成了东西方国家制度理论与观念体系的对立，唯独和平与发展观念属于例外。在该认同下，东西方先后建立了布雷顿体系与经互会体系，以制度的形式确立东西方国家金融的发展框架。在这两套截然不同的制度架构下，主体间认同同时成为维持制度安全与稳定的观念基础，也成为区别自我与他者的规范性因素。如果说，战后国际社会和平与发展的观念成为战后东西方合作的基本原则，那么布雷顿体系与经互会体系在制度上的分野则造成双方成员国有限冲突与有限合作的认同依据。在由两大制度建构的国际金融观念结构中，和平与发展依然是所有国家的共识，但观念结构的对立使得两大集团彼此抱有敌对认同，二者在战后初期便是一种非此即彼、你死我活的零和博弈中。但是，这种博弈因为双方对战争的恐惧与糟糕的经济基础而无法实施，且在"久攻不下"的对立中逐渐转换为对手认同,由对手认同所衍生出的金融权力结构也延伸了观念上的对立。观念结构与权力结构的对立最终以双金融体系的架构展现出来,并一直持续到苏联与经互会体系解体。

与布雷顿体系和经互会体系的对立认同不同,布雷顿体系与经互会体系内部的制度认同是友好认同。在这种制度认同构建下的国家间安全威胁较小,尤其在霸权国的主导下,"国家间处于一种高度互信与集体认同的安全关系,实现了共同安全。"[1] 集团内国家不再以无政府状态下的零和逻辑处理相互关系,而是以集团成员国的身份处理本国的内政外交,在个别敏感问题上甚至服从集团利益。成员国对外政策的制定不仅依赖金融权力分配,也依赖成员国对权力分配的认同。而且,集团内安全程度随着成员国间认同的提高而提高,在此情况下集团内部的权力竞争与冲突会越来越少。对于作为金融体系的布雷顿体系与经互会体系而言,体系的稳定性就会越来越强。反之,认同的降低则会导致体系内部竞争与冲突的加剧,金融权力结构的变革也就在所难免。

虽然金融体系的建立是基于行为体的共有观念,但国家的具体行为却是由权力分配与认同分配所共同决定的。一国对其体系身份的认同,实际是对其所处金融体系权力分配的认同,国家根据体系权力分配与对分配的认同制定对外策略。对于经互会体系与布雷顿体系而言,霸权体系与对体系的认同是保证体系安全与稳定的根本前提,各国对体系权力分配的认同则成为其对外策略的依据。在战后初期,布雷顿体系与经互会体系的成立理由最充足,美国与苏联的霸权地位也最稳固,各国对外策略基本服从于霸权国与体系的利益,金

---

[1] 封永平:《大国崛起困境的超越:认同建构与变迁》,中国社会科学出版社,2009年版,第135页。

融权力分配得到充分尊重。随着各国经济实力的恢复，权力分配的不合理性逐渐成为制约成员国发展、损害成员国利益的根源，各国对金融权力分配的认同度下降，并以实际行动推动各自体系权力结构改革。而当布雷顿体系整合经互会体系成为统一的"全球金融体系"时，各国经济实力对比发生严重改变，美国霸权的相对衰落成为公认的社会事实，美国因此不仅面对来自欧洲与日本的金融权力挑战，也要面临来自新兴经济体的金融权力诉求。当这些新兴经济体结成类似欧洲的战略同盟（例如"金砖国家集团"）时，其金融权力的竞争能力必然超越众多发展中国家，甚至是达到欧洲与日本的水平。为了维护体系权力结构的稳定与观念认同，以美国为首的G7需要通过必要的制度改革与权力让渡，以保证这些新兴经济体国家的权力份额利益，从而维护体系的稳定与发展。

三、演变方向是特定国际环境下的权力合力结果

历史已经证明，在特定的国际环境（包括观念环境与权力结构环境）下，国家行为体的合力结果决定国际金融体系的演变方向。至今为止，国际金融体系的演变史为体系改革提出了两种演变方向：由两个亚金融体系所组成的双金融体系和统一的全球金融体系。这两种体系形式的出现为国际金融体系改革提出了发展思路。就目前而言，两种模式的比较在所难免。如前文所言，双金融体系与统一金融体系最大的区别在于，前者可以在非常时期保证不平衡发展的国家拥有相对安全的金融发展环境和金融权力，维护欠发达国家的金融利益，受到这些国家的普遍欢迎。但是，双金融体系的发展前提是两大体系的相对独立甚至对立的格局，这使得如何

划分两大体系的金融权力成为二者必须面对的问题，也成为二者竞争与冲突的根本原因。而统一金融体系不存在外部竞争压力问题，可以集中体系资源解决体系内部问题，发展自身。但同时必须解决不同利益集团之间的权力斗争问题，尤其是在缺乏霸权制约或霸权衰落的情况下。

在国际金融中，行为体对金融权力分配都各有看法。虽然金融权力结构改革的主要力量是持不同认同的行为体（国家或集团），但权力结构改革的最终结果必然取决于各行为体权力合力的结果。但是，在不同的体系发展阶段，权力斗争的主体也在发生变化。冷战时期，由于美苏的综合国力和金融权力要远远超过其他国家，两极争霸的结果就能直接决定布雷顿体系与经互会体系的斗争结果，因此，冷战时期的双金融体系的演变方向直接受美苏权力斗争的影响。当然，冷战时期，军事权力的优先性降低了金融权力的斗争结果的决定能力。但在资本主义经济浪潮席卷全球，金融安全取代军事安全成为国际关系的首要因素之后，金融权力的决定作用日益凸显。在"全球金融"阶段，欧洲与日本对美国体系霸权的挑战却最终以美国的部分妥协收场，但最终无法根本改变国际金融体系的权力结构，根本原因就是欧洲与日本金融权力的弱小导致。事实上，二者并非在经济实力上逊于美国，其由经济实力转换的金融权力并不能真正打压美国的体系霸权。美国在国际货币、体系权力和国家经济实力等方面的全面领先所造成的金融权力是导致欧洲与日本在权力斗争中失败的主因，也为后来的新兴经济体指明了强化金融权力的努力方向。

从经济实力而言，强大的经济实力是挑战体系霸权、实现体系权力让渡的先决条件，而新兴经济体的个体实力远未达到挑战霸权的前提标准。而且，单纯的经济实力不可能根本动摇体系的权力结构，必须从国际货币、体系权力和经济实力等多方面实现突破，才能避免重蹈欧洲与日本的覆辙。因此，新兴经济体应该通过某种联系结成稳定可靠的战略同盟，并从国际货币层面和体系权力结构层面等推动权力结构的变革，维护自身的权益。

第三章　国际金融体系改革与发展中国家

第一节　既存国际金融体系与金砖国家

七国集团主导下的国际金融体系主要是由跨国金融公司、国际货币体系、国际金融中心、国际金融组织和国际金融问题解决机制等构成，（以下简称"体系"），旨在协调各国经济往来，促进经济和金融有序发展，维护全球金融的稳定与安全。[①] 但在2008年美国金融危机爆发，各国的经济遭受巨大冲击且损失严重的情况下，G7却未能履行职责且暴露出治理危机能力匮乏的缺陷，致使G7和体系的合法性、权威性及行动能力备受质疑，二十国集团（G20）因此逐步取代G7成为全球金融治理的主要平台，同时引发了其他各种国际经济力量力图推动体系权力再分配，改革其权力结构并建立新的国际金融体系的动议。

---

① 戴相龙：《认识国际金融体系》，http://news.hexun.com/2013-09-02/157655114.html（上网时间：2017年11月21日）。

一、美国金融危机与既存国际金融体系缺陷

2007年4月2日,美国第二大次级贷款供应商新世界金融公司宣告破产,拉开了美国次贷危机的序幕,随后逐渐演变为波及世界的美国金融危机。本次危机与之前的危机最大的不同在于,它发生在世界上经济最发达、与各国金融往来最密切的美国。借助资本主义经济的传导性,次贷危机在短时间内席卷全球并演变为全球金融危机。从华尔街到全世界,从虚拟经济到实体经济,危机所到之处哀鸿遍野。在各国的经济遭受巨大冲击且损失严重的情况下,G7却未能履行职责且暴露出治理危机能力匮乏的缺陷,致使G7和体系的合法性、权威性及行动能力备受质疑,因此,引发了其他各种国际经济力量力图推动体系权力再分配,改革其权力结构并建立新的国际金融体系新动议。

全球金融危机重创全球经济时,作为主导体系发展的八国集团(2014年俄罗斯退出)正面承受了巨大的冲击,并在经济实力受到严重冲击的情况下仍第一时间出台紧急求助计划(Bailout Plan)。截止2008年10月中旬,全球累计共投入救市金额近3万亿美元,其中2008年9月14日宣布破产的雷曼兄弟起了直接催化作用。第二天,美联储向美国银行体系注资700亿美元,这是"9·11"以后最大规模的单日注资行动。第三天,美联储向保险公司AIG注资850亿美元,同时继续向美国银行体系注资500亿美元,并于10月3日通过了总额达8500亿美元的救市方案。7日,俄罗斯宣布向银行系统注资9500亿卢布。8日,英国表示英伦银行将提供2000亿英镑短期信贷额;日本央行向市场注资1.5万亿日元,并于10日注资高达4.5万亿日元。12日,欧元区15国通过3000亿欧元的救市计划。13日,德国推出高达5000亿

欧元的救市方案；法国则计划推出 3600 亿欧元的融资计划。①除以上大国政府的救市方案外，美联储还于 13 日联合欧洲和日本等五大央行推出"无限额"注资的救市计划。② 体系大国第一时间的联合救市行动对缓和金融危机的冲击起到了至关重要的作用，但并没有根本化解金融危机。这些救市的行动从一开始的有限合作到后来的协同共进，充分表现出了体系大国对国际金融体系稳定性和安全性的重视程度，而深层次的原因却是：如果体系遭受重创，体系的组织惯性就会大幅降低，这意味着权力结构原本的动态平衡性再一次遭遇变迁的拐点，体系大国和体系内其他成员的实力对比发生重大改变，体系权力结构在金融危机的冲击下面临重组的紧迫性。一方面，体系大国的国际经济遭受重创，导致他们经济实力严重衰退，国内罢工和失业浪潮加剧，政府威信面临巨大考验。国际贸易下滑严重，国际竞争力下降明显。可以说，体系大国面临着内忧外患的局面。在这种情况下，体系大国还必须承担起维护体系稳定性和安全性的重任，为挽救本国和全球经济下滑注入巨额资金；另一方面，作为体系内其他成员中的杰出代表，新兴经济体尤其是金砖国家在为体系的健康、稳定发展做出自身贡献的同时，也长年受益于体系福利（包括制度上、经济上和政治上的帮助），而且相对于体系大国承受较小的压力，导致在经济实力上与体系大国的差距逐渐减小，并隐隐具备了挑战体系大国权力的经济基础。

从上述分析得知，虽然新兴经济体的经济实力不断增强，且体系内的权力结构实际上已经发生变化，但其在国际体系

---

① 邱观史：《全球投入救市金额近 3 万亿美元 各国救市行动一览》，http：//www.chinanews.com/cj/gjcj/news/2008/10 – 15/1412893.shtml（上网时间：2017 年 11 月 21 日）。

② 张莹：《全球五大央行新推"无限额"注资 以提高美元流动性》，http：//www.cnr.cn/fortune/news/200810/t20081014_ 505122407.html（上网时间：2017 年 11 月 21 日）。

中的制度性话语权及在国际组织中的投票权却难以与经济实力相匹配。① 这种矛盾会引发博弈甚至冲突，同时也提供了解决的路径。体系大国必须尽最大努力维护原体系的权力结构，这不仅是"国际责任"的体现，也是国内对于维护本国利益的行为的认同。但经济实力对比的改变导致体系大国已经没有足够的实力和信心维持体系权力结构的稳定，必须求助于新兴经济体，希望他们承担更大的"国际责任"，实际上是希望承担与他们的体系权力并不相符的责任。在此基础上，新兴经济体适时提出国际金融体系的改革作为交换。换言之，这是以"国际责任"换"体系权力"的一种交易，是与落后的权力结构博弈的一种行为。依照历次金融危机治理的经验，金融危机的破坏性会随着时间的流逝而逐渐降低，并在破坏的最低点迎来经济大繁荣。因此，这场博弈是有时间限制的，越往后拖对新兴经济体越不利，对体系大国越有利。在这场博弈中，新兴经济体希望在最少的时间内用最少的"责任"获得最大的"权力"，而体系大国希望用最少的"权力"换取最多的"责任"，并且尽可能地拖延时间，直到全球经济（金融）的惯性复苏。

根据斯特林·福尔克的观点，在无政府状态和特定的权力结构背景下，国家的对外政策都是由其对特定结构的认同所决定的。② 对体系的认同分配主要取决于国家对权力结构的认同，而从不同的角度研究国家对体系的认同的意义也存在不同的特点。

从权力平衡的角度看，国家对于体系的认同，本质上是

---

① 关雪凌、于鹏、赵尹铭：《金砖国家参与全球经济治理的基础与战略》，《亚太经济》2017年第3期，第6页。

② Jennifer Sterling - Folker, *Theories of International Cooperation and the Primacy of Anarchy: Explaining U. S. International Monetary Policy - Making After Bretton Woods* (Albany, State University of New York Press, 2002).

第三章　国际金融体系改革与发展中国家

对权力结构动态平衡的认同。前文提到，物质权力的分配决定权力结构，而物质权力分配实际上包括两个方面：国家地位和各国的实力。理想的体系意味着其权力结构是合理的，其合理性就在于国家地位和其实力分配能基本匹配，那么该权力结构理论上能得到国际社会的普遍认同。虽然这种认同是博弈的结果，但也同样形成了国际规范，得到体系内主体间的普遍认同。但是，现实是在无政府状态下的国家并不能很好约束自身对权力的欲望。这主要有两个方面的考虑：一方面，现代国家不仅关注本国的绝对收益，而且关注他国的相对收益。各国政府关心贸易条件、外国投资产生的经济收益的分配，特别是本国在世界上的相对经济增长率。事实上，相对收益问题很少不挂在政府领袖的心头。[1] 这种正和博弈的决策思维在持国家中心论的政府间非常流行，它们认为基于国家战略安全的需要，相对收益更能体现国家的真实实力，以及国家的安全性。另一方面，体系内权力是维持自身体系形象、体系权威和巨大政治经济利益的保证。当然，由这种权力所构建的体系的权力结构无疑也加大了国际金融结构的脆弱性。权力结构的安排主要用于表现国家综合实力，而如果国家综合实力处于动态变化中，也就意味着权力结构也应该展现出一种动态平衡的状态才符合国际社会对于权力结构合理性的认知。

　　从制度设计的角度看，既存的国际金融体系是体系成员国对体系权力分配妥协的一种制度性安排。当前的国际金融体系"建立在国际权力结构的基础之上，反映了体系中主导大国的利益和诉求，其演变的动力源自于体系性大国之间经

---

[1]　[美]罗伯特·吉尔平著，杨宇光、杨炯译：《全球政治经济学：解读国际经济秩序》，上海人民出版社，2006年版，第71页。

济实力的不平衡增长，是国际权力结构化的结果"。① 简单地说，体系是体系性大国基于经济实力差异达成的权力结构化安排。它的组织架构是以美国为核心的 G7 的权力集团主导，其权力架构依然遵循形成于 1976 年的 G7 治理模式的设计。G7 依靠该架构获得了巨大的政治和经济利益，且以此巩固并扩大了自身的政治和经济权力。但是，21 世纪以来经济全球化和经济发展不平衡使国际经济实力对比再次发生重大改变，G7 主导下的体系权力结构已无法适应当前的国际金融格局，主要表现在不仅无法充分调动体系内各国的资源抵御金融危机，而且成为其他国家改革权力结构的制度性障碍。例如，即便已经落实了 2010 年的份额改革方案，国际货币基金组织内部的前五个发达经济体的投票权占绝对优势：除了美国拥有决定性的 16.52% 的投票权外，日本、德国、法国和英国所占比例分别为 6.15%、5.32%、4.03% 和 4.03%，这五个体系性大国控制着 36.05% 的投票权②；在世界银行内部，美国的投票权为 16.28%，日本、德国、法国和英国的投票权所占比例分别为 7.02%、4.11%、3.85% 和 3.85%，五个大国控制了 35.11% 的投票权，③ 投票权决定着决策权，投票权过度集中严重阻碍了体系权力结构改革的实现。世界银行和国际货币基金组织在各自章程中均规定，除有特别情况外，两大机构所做的决议必须获得半数以上投票权才能通过，重大决议则需要获得 85% 以上投票权，鉴于美国在这两大机构的投票权占比均超过 15%，意味着美国在这两大机构的重大决议（如体系改革）上拥有一票否决权，④ 而其他四个大国

---

① 曹广伟、何章银、杜清华：《经济危机与国际经济秩序的演变》，《世界经济与政治论坛》2013 年第 4 期，第 86 页。
② 数据来源于 2017 年 10 月 10 日国际货币基金组织官网。
③ 数据来源于 2017 年 10 月 13 日世界银行官网。
④ 王元龙：《国际金融体系的改革与发展趋势》，《广东金融学院学报》2010 年第 1 期，第 29 页。

也拥有巨大的影响力。这种不合理的权力分配实际上正是权力结构不平等的表现，也是阻碍权力结构改革的最主要因素，因为改革必须经这些权力大国的赞成才能通过。

二、金砖国家改革主体地位的确立

当前，金融危机对世界经济的冲击仍然在持续，各国对于国际金融体系需要改革这个原则性问题已经基本达成共识，并对全球经济的全面复苏满怀期待。但为了保证自身利益不受损失，G7 不可能主动推进体系权力结构的改革，使得外力的介入成为必然，而这外力即指"新兴经济体与发展中国家"。20 世纪 90 年代初，正值布雷顿体系与经互会体系合并之际，东西方经济实力的强烈碰撞触发了体系权力结构变革的可能性，并引发新兴经济体的改革冲动。但是，当时的新兴经济体国家数量相对有限，且并未形成有效的同盟机制，仅具备在关键时刻发表共同声明的能力，却并不具备推动国际金融体系变革所必须的组织性与系统性。在经济实力与金融权力上均无法与 G7 主导的体系霸权力量相抗衡。

与此同时，1997 年亚洲金融危机爆发，沉重打击了新兴经济体的经济实力，尤其摧毁了刚崛起不久、改革呼声最高的亚洲新兴经济体国家。这场始发于泰国的金融危机，先后涉及到印尼、马亚西亚、菲律宾和韩国等国，第二年又波及到俄罗斯和巴西。这场危机对亚洲各国，尤其是新兴国家的打击使他们的经济实力大幅度下降。以印尼为例，在 1997 年 7 月至 1998 年 3 月期间，印尼卢比贬值约 85%。货币贬值大大加重了新兴国家的外债负担。"亚洲开发银行（ADB）的数据显示，1997 年和 1998 年受危机波及国家的国民生产总值平均减少了 8.5%。1996 年泰国经济还增长了近 6%，而 1997 年却减少了 2%，1998 年甚至下降了 10% 以上。印尼经济受到的影响更大，1998 年下降幅度超过 13%。危机后泰国与印尼的实际收入降幅超过20%，后者的贫困率却上升了80%。"[1]

这场金融危机导致希望通过经济实力重新调整国际金融权力结构的新兴国家疲于奔命，多国金融系统崩溃，经济瘫痪，社会秩序混乱，甚至还导致印尼苏哈托政权的倒台。在此后十年的时间，新兴国家致力于国家金融改革，并采取更加审慎的财政政策与货币政策，外汇储备逐渐回升，改变了以往严重依赖国外短期资金流的缺点。[2] 但是，也正是因为这十年的金融改革，推迟了新兴国家改革国际金融体系权力结构的进程。进一步而言，全球金融阶段，资本主义世界与新兴国家团体中都未出现真正挑战美国金融霸权的国家，而合作对抗美国霸权的时机也因为金融危机而推后。

亚洲金融危机在打击新兴经济体的同时，也帮助后者梳理了其经济缺陷，使其后来的经济发展道路更加顺畅。在2008年美国金融危机到来之时，新兴经济体的群体性崛起已大大缩小了与发达经济体的差距，并主张体系应给予该群体更多的体系权力，而G7领导体系维护体系安全与稳定不力、治理危机能力有限的事实给予新兴经济体改革体系权力结构的充分理由，新兴经济体可以提供资金和资源推动经济复苏的现状也迫使G7必须在权力改革问题上做出必要妥协，体系内权力结构的改革终于具备了现实的可能性，而新兴经济体中最具备挑战G7资格的便是金砖国家。

---

[1] 刘刚：《亚洲金融危机十周年》，载《世界经济与政治论坛》2007年第5期，第55页。

[2] 截至2007年3月，全球外汇储备排名前十的国家与地区中，亚洲占据八席。其中，中国大陆10663亿美元，日本9090亿美元，俄罗斯3388亿美元，中国台湾2765亿美元，韩国2439亿美元，印度1992亿美元，新加坡1375亿美元，中国香港1354亿美元。

第三章 国际金融体系改革与发展中国家

金砖国家的前身是金砖四国①，2008年美国金融危机后，中、俄、印、巴四国通过举行系列会谈和建立峰会机制，使"金砖四国"初步具备国家经济合作论坛的基础。② 随着2010年南非的加入，金砖四国改名为"金砖国家"（BRICS），并逐渐成长为在经济上可媲美G7、政治上日益崛起的国家集团。

根据IBRD的统计，就GDP总量而言，"中国是世界上的第二大经济体，印度、巴西和俄罗斯分别居于第7位、第9位和第12位。南非的排名不靠前（第38位），但它是非洲的第三大经济体（仅次于尼日利亚和埃及）。"③ 当前，金砖国家的经济实力和发展潜力令人瞩目，国家统计局的相关数据表明，金砖五国2013年的国民经济指标较2000年均实现大幅增长，其中国与印度甚至在美国金融危机期间实现逆势增长，并带动金砖五国整体指标上扬，成为危机期间唯一实现经济正增长的国家集团（参见表3—1）。④ 将金砖国家与G7进行对比时发现，前者已经隐约在经济方面具备赶超后者之势。以最基本的GDP总量和GDP增速为例，2008年，GDP占全球总量的14.6%。⑤ 同期，G7的GDP占全球总量

---

① 2001年，美国高盛公司首席经济师吉姆·奥尼尔（Jim O'Neill）首次提出"金砖四国"（BRIC）的概念，取巴西（Brazil）、俄罗斯（Russia）、印度（India）和中国（China）四国的英文首字母组成"BRIC"，指代这四个崛起的新兴经济体。
② 2010年4月，第二次"金砖四国"峰会在巴西召开。会后四国领导人发表《联合声明》，就世界经济形势等问题阐述了看法和立场，并商定推动"金砖四国"合作与协调的具体措施，至此，"金砖国家"合作机制初步形成。
③ 江时学：《金砖国家合作更上一层楼》，《学习时报》2017年9月4日第02版。
④ 数据节选自国家统计局《金砖国家联合统计手册（2017）之国民经济核算》，参见 http://www.stats.gov.cn/ztjc/ztsj/jzgjlhtjsc/jz2017/（上网时间：2017年10月9日）。
⑤ 胡锦涛：《胡锦涛在金砖国家领导人第三次会晤时的讲话（全文）》，http://politics.people.com.cn/GB/1024/14390817.html（上网时间：2017年11月21日）。

的 52.4%，①约为金砖四国的 3.6 倍。截止 2016 年底，"金砖五国"的 GDP 总和约为 167929 亿美元，约为全球的 23%。②同期，G7 的 GDP 总和约为 354395 亿美元，约占全球的 2/5，③相当于金砖国家的 2.2 倍。预计到 2015 年，金砖国家 GDP 总和将达到甚至超过美国，到 2027 年，金砖国家的 GDP 总和将与 G7 持平。根据 2016 年 10 月 IMF 的最新数据，"金砖国家 GDP 占全球经济的份额，按市场汇率计算从 2000 年的 8.21%增至 2016 年的 22.55%，按购买力平价计算从 2000 年的 18.82%增至 2016 年的 31.58%，而同期发达经济体及 G7 的占比均呈现 15 至 20 个百分点的大幅下降……按市场汇率计算的 GDP 总量约占全球的 22%，金砖国家在 2008—2015 年全球经济增量中贡献率更是高达 69.48%，同期 G7 的贡献率仅为 10.28%。"④"按购买力平价计算，金砖国家的 GDP 总量占世界的比重已从 1992 年的 17%上升到目前的 31%，2020 年可能会提高到 33%。根据经济合作与发展组织（OECD）估计，至 2060 年，金砖国家的 GDP 总量占世界的比重将高达 49%，大大高于 G7 的 30%。上述数据均表明，过去 200 年由欧洲和北美洲垄断世界经济的时代或将被金砖国家引领的新时代取而代之。无怪乎金砖国家和其他新兴经济体提出了在世界银行和国际货币基金组织等机构中增加代表席的要求。须知，金砖国家与 G7 的经济实力相

---

① 数据来自 IMF 2009 年 4 月版统计数据，参见 http://www.elibrary.imf.org/view/IMF041/10048‐9781451934069/10048‐9781451934069/10048‐9781451934069.xml?rskey=bNrUh8&result=32&highlight=true（上网时间：2017 年 11 月 21 日）。

② 数据来自国家统计局《金砖国家联合统计手册（2017）》，参见 http://www.stats.gov.cn/ztjc/ztsj/jzgjlhtjsc/jz2017/（上网时间：2017 年 10 月 9 日）。

③ 马静文、赵衍龙：《拿什么超越中国？2016 年各国 GDP 排名：中国第 2 为印度 5 倍》，http://world.huanqiu.com/exclusive/2017‐08/11106121.html（上网时间：2017 年 10 月 9 日）。

④ 关雪凌、于鹏、赵尹铭：《金砖国家参与全球经济治理的基础与战略》，《亚太经济》2017 年第 3 期，第 6 页。

差无几，但它们在国际金融机构中的地位却相差很大。"[1]

表3—1　金砖国家国民经济核算概况（2000—2016）（截选部分）

	2000	2008	2009	2010	2011	2012	2013	2014	2015	2016
GDP（现价，亿美元）										
巴西[1][2]	6553	16955	16689	22082	26118	24592	24644	24168	18013	17958
俄罗斯	2600	16608	12227	15249	20339	21543	22317	20860	13721	12862
印度	4766	11051	14352	17436	18240	18280	18570	20340	20890	22730
中国[3][4][8]	12113	46006	51103	61013	75757	85603	96113	104834	110631	112029[5]
南非	1365	2870	2970	3750	4170	3960	3670	3510	3180	2950
人均GDP（现价，美元）										
巴西[1][2]	3778	8852	8623	11295	13231	12343	12258	11919	8810	8713
俄罗斯	1772	11635	8563	10675	14227	15044	15551	14279	9372	8768
印度	468	958	1227	1470	1495	1480	1485	1605	1628	1750
中国[3][8]	959	3473	3839	4561	5636	6338	7081	7684	8068	8127[5]
南非	3073	5818	5944	7389	8086	7564	6900	6490	5775	5276
GDP增长率（比上年增长，%）										
巴西[1][2]	4.4	5.1	-0.1	7.5	3.9	1.9	3.0	0.1	-3.8	-3.6
俄罗斯[6]	10.0	5.2	-7.8	4.5	4.3	3.5	1.3	0.7	-2.8	-0.2
印度	7.6	3.9	8.5	10.3	...	5.5	6.5	7.2	7.9	7.1
中国[8]	8.5	9.7	9.4	10.6	9.5	7.9	7.8	7.3	6.9	6.7[5]
南非	4.2	3.2	-1.5	3.0	3.3	2.2	2.5	1.7	1.3	0.3

注：

（1）2015年和2016年数据由季度GDP数据加工得到；

（2）2015年和2016年数据为初步数据；

（3）按美元计算的GDP和人均GDP利用年平均汇率进行折算；

（4）GDP按生产者价格计算；

（5）初步数据；

（6）可比价数据；印度2000—2010年数据采用的是2004/2005年旧的基期价格，2011年及以后采用的是2011/12基期价格；

（7）2010/11年前，各产业增加值比重是按照生产要素成本计算的；2011/12年以后，是按照基本价格计算的；

（8）2016年，中国不再将R&D计入中间消费，而是计入资本形成。这一变动对GDP的计算有影响，因此，历史数据也做了相应的修订。

仔细考察金砖国家，他们之所以能成为新兴经济体的主要代表，并非仅仅依据强大的经济实力和发展潜力，还包括以下三个方面的原因：首先，具有相对成熟的合作机制和共

---

[1] 刘轶、江时学：《国际上对金砖国家合作的评论》，《亚太经济》2017年第3期，第177页。

● 国际金融体系改革与"一带一路"

同进退的合作基础。与新钻国家、展望五国、未来 11 国①等其他新兴经济体概念相比，金砖国家并非停留于概念性提法阶段，而是逐渐成长为新兴经济体中务实合作的新平台，不仅具备外长会议、财长会议、金砖峰会等若干层次的合作机制，在探讨议题和合作方式上表现出更加务实、积极开放的姿态，而且五国在经济上互补互助，金砖银行和金砖应急储备更是密切联系五国的纽带，使金砖国家成为真正的国家合作论坛，并在全球气候、全球经济发展、政治改革等众多领域上表现出共同进退的国家集团行为，日益得到国际社会的认同。其次，金砖国家具有较多的体系权力，并具备较大的改革动力。一方面，与其他新兴经济体相比，金砖国家具备更多的体系权力资源，按照购买力平价计算的 GDP 已经达到美国的两倍，在体系中拥有更大的发言权，但五国合计的投票权仍然不及美国，也意味着五国更容易也更有动力推动体系权力结构的改革。在世界银行中，中国、印度和俄罗斯已占据前十名的席位（见表 3—2），而在 IMF 中，在 2010 年改革方案之前，中国和俄罗斯的份额已跻身前十名（见表 3—3）。

表 3—2　世界银行投票权排名前十名国家（%）

名次	国家	改革后投票权	改革前投票权
1	美国	15.85	15.85
2	日本	6.84	7.62

---

① 新钻国家是英国《经济学家》比照金砖国家提出的概念，指墨西哥、韩国、波兰、土耳其、哈萨克斯坦、埃及等国家；展望五国是取越南（Vietnam）、印尼（Indonesia）、南非（South Africa）、土耳其（Turkey）和阿根廷（Argentina）五国英文名称首字母的组合，"VISTA"一词在英文有"远景""展望"之意；未来 11 国是高盛在"2011"年提出的概念，指韩国、埃及、伊朗、越南、墨西哥、菲律宾、土耳其、孟加拉国、尼日利亚、巴基斯坦和印度尼西亚 11 个国家。

名次	国家	改革后投票权	改革前投票权
3	中国	4.42	2.77
4	德国	4.00	4.35
5	法国	3.75	4.17
6	英国	3.75	4.17
7	印度	2.91	2.77
8	俄罗斯	2.77	2.77
9	沙特	2.77	2.77
10	意大利	2.64	2.71

表3—3 IMF份额前十名国家（2010年改革方案）

名次	国家	改革前	改革后
1	美国	17.661	17.398
2	日本	6.553	6.461
3	德国	6.107	6.390
4	法国	4.502	5.583
5	英国	4.502	4.225
6	中国	3.994	4.225
7	意大利	3.305	3.159
8	沙特	2.929	2.749
9	加拿大	2.670	2.705
10	俄罗斯	2.493	2.315

2015年12月，被美国国会拖延五年之久的2010年改革方案终获通过，中国和俄罗斯的投票权分别升至第3位和第8位，印度、巴西取代沙特和加拿大位列第9位和第10位

（见表 3—4），这是其他新兴经济体无法比拟的。另一方面，在全球遭受金融危机的背景下，强大的经济实力和经济影响力不但未使金砖国家有效规避金融危机的冲击，而且在某种程度上成为损失最为严重的案例，并因此在经济和政治领域均承担了空前的压力，其改革动力异常强烈。第三，结构改革能赋予金砖国家更多行动能力，且强化其行动意愿。金砖国家的经济实力使其具备治理危机的强大行动能力，不合理的权力分配却使其一直被排除在体系的核心层外，严重限制了其行动能力的发挥。可以预见的是，如果能赋予金砖国家更大的体系权力，金砖国家的行动能力将有更大发挥空间。更重要的是，这有利于充分强化金砖国家治理危机的积极性和责任感，约束 G7 在体系中的霸权倾向，使体系的权力决策走向更加合理。

鉴于 G7 与金砖国家的经济实力日益接近，后者在国际金融中的政治、经济影响力日益上升，金砖国家已经成为一股不可阻挡的力量。作为新兴经济体（也是全体发展中国家）改革派主要代表甚至领军者的地位正日益巩固，并引领新兴经济体与发展中国家为保障自身利益，与领导发达经济体的体系核心权力集团 G7 相抗争，锐意推动体系权力结构的改革。同时也应该注意到，G7 亦需要借助新兴经济体的实力挽救后危机时代的国际金融，并不完全站在对立面阻止改革。

表 3—4　IMF 份额前 12 名国家（2017 年方案）

	国家	份额		投票权	
		特别提款权（百万）	占比（%）	票数	占比（%）
1	美国	82994.20	17.46	831407	16.52
2	日本	30820.50	6.48	309670	6.15

第三章 国际金融体系改革与发展中国家

	国家	份额 特别提款权（百万）	份额 占比（%）	投票权 票数	投票权 占比（%）
3	中国	30482.90	6.41	306294	6.09
4	德国	26634.40	5.60	267809	5.32
5	法国	20155.10	4.24	203016	4.03
6	英国	20155.10	4.24	203016	4.03
7	意大利	15070.00	3.17	152165	3.02
8	俄罗斯	12903.70	2.71	130502	2.59
9	印度	13114.40	2.76	132609	2.64
10	巴西	11042.00	2.32	111885	2.22
11	加拿大	11023.90	2.32	111704	2.22
12	沙特	9992.60	2.10	101391	2.02

数据来源：根据2017年10月10日国际货币基金组织网站数据整理。

从现实建构主义的角度来看，当体系成员国经济实力结构发生严重改变时，其权力结构理应同步改变以保持体系的稳定与发展。当这个需求不被满足时，成员国对体系的认同就会降低，体系治理的正当性和权威性便会下降，体系的生存就面临严重挑战，改革是唯一的出路。2008年美国金融危机的冲击使得各国意识到，当前的国际金融体系已落后于国际金融市场的发展，无法适应世界经济发展的新形势，其权力结构已变得不再稳定，缺乏对个别大国权力进行有效制约的机制，体系内许多成员国的利益正在受到损害，许多国家对体系权力结构的认同急剧下降，纷纷要求体系进行改革，部分国家甚至另寻体系的替代品。因此，体系如果再不进行必要的调整和改革，将面临巨大的挑战和潜在风险。

现实建构主义告诉我们，"在无政府状态和特定的权力结构背景下，国家的对外政策都是由其对特定结构的认同所决定的。"① 多国在同一个体系中或者同一个规则结构中往往产生相似的国家认同和群体归属感，致使产生群体认同的国家在国际权力分配和国际权力斗争过程中逐渐形成相似的对外政策倾向，并易于结成国家联盟。认同降低甚至消失导致的连锁反应将严重威胁体系的生存，尤其是当国家认同成为国际社会共识，并通过共识输出为国家对外政策时，对体系的挑战便具有了国际性意义。如果在体系内部产生两个或多个相互博弈的国家集团，最终就有可能推动体系的改革。从这个角度来说，体系的权力结构改革实际上是不同阵营的集团之间角力的结果，而决定体系命运的就是各阵营对体系内权力结构的认同。美国金融危机不仅加剧了各国经济实力对比，更加剧了国际社会对体系权力结构合法性和权威性，甚至行动能力的质疑，尤其是那些处于权力结构不合理位置的新兴经济体与发展中国家，普遍对体系权力结构产生了严重的不认同感，而处于优势地位的发达经济体则普遍保守并极力维护既存的体系权力结构，仅同意对权力体系部分职能进行调整，因此，体系内不可避免地产生两个对立集团，即金砖集团领衔的改革派和 G7 领导的守旧派分别代表了两个集团的利益，两者之间角力的主要着力点是国际金融体系内部的权力结构是否需要改变。

G7 与金砖国家的竞合关系对权力结构改革的意义在于，由 G7 所主导的体系面临权力再分配的外在压力，尤其是在二者经济实力对比发生显著变化的后危机时代。G7 强烈要求金砖国家充当后危机时代的全球经济救世主角色，而后者却没有因其出色的表现和巨大的付出取得应得的体系权力和地

---

① Jennifer Sterling–Folker, *Theories of International Cooperation and the Primacy of Anarchy: Explaining U. S. International Monetary Policy – Making After Bretton Woods* (Albany, State University of New York Press, 2002).

位。10 年来，金砖国家经济总量占全球经济比重从 12% 上升到 23%，贸易总额比重从 11% 上升到 16%，对外投资比重从 7% 上升到 12%，对世界经济增长的贡献率达到 50%。[①]在 2008—2015 年全球经济增量中，金砖国家的贡献率更是高达 69.48%，而同期 G7 的贡献率仅为 10.28%。美国优华扬会计师事务所的调查则显示，2016 年金砖国家吸引的外国直接投资比七国集团多 35%，金砖国家获得的投资占 GDP 的 2.3%，而七国集团的这一比例为 1.7%。金砖国家已经成为全球经济增长的最主要拉动力量。[②]换言之，体系的权力并没有随着二者角色的调换而转移。虽然体系的权力结构处于崩溃重组的边缘，并将伴随国际金融体系的改革实现下一个动态平衡，但是就目前的情况来看，二者不合理的权力分配并没有实质改善。在这种不平等下，金砖国家对体系权力结构内认同分配有接近，甚至有趋同的倾向，进而导致金砖国家出台相似的对外政策。但是，这并不意味着金砖国家没有内部矛盾，这也就为五国如何有效规避矛盾提出挑战。当然，金砖国家之所以能结成金砖国家集团，并成为新兴经济体与发展中国家的主要代表，也与其鲜明的优势有关：首先，金砖国家经济互补性强，改革意愿强烈。金砖国家集团占据全球经济份额的五分之一，经济实力强劲且经济结构互补，在体系中经济实力和体系权力结构内排名比较接近，致使他们在权力结构内有相近的利益诉求，正如卡内基国际和平基金会国际经济研究部主任尤里所言："他们都相对不发达……他们都希望建设新的世界经济秩序，一个他们占更多权重和

[①] 刘健：《金砖 10 年：五国对世界经济增长贡献率达 50%》，http://news.cnr.cn/native/gd/20170822/t20170822_523912816.shtml（上网时间：2017 年 11 月 21 日）。

[②] 第一财经：《金砖国家的金色十年：全球经济增量贡献率 69.48%》，http://baijiahao.baidu.com/s?id=1577564354895342542&wfr=spider&for=pc（上网时间：2017 年 11 月 21 日）。

有更多发言权的秩序。"①　其次，金砖国家体系权力较大，外部压力相对不小。五国所分配到的体系权力相较其他新兴经济体与发展中国家较高，改革意愿强烈的同时自然也面临更大的外部压力。面对高度一体化的权力集团 G7，只有强化金砖国家的群体性认同，强化金砖五国在体系权力结构中的整体性权力，金砖国家集团利益才有可能最大化。最后，金砖国家国际形象较好，具有较大的号召力。强大的经济实力和大力挽救金融危机的行为大大提升了其国际形象，在所有新兴经济体与发展中国家中具有很大的号召力，因此，在关键时刻可以有效团结新兴经济体与发展中国家手中的权力资源，并大大提高在权力再分配进程中成功的概率。

第二节　国际金融体系改革的阻力及应对思路

　　虽然较其他新兴经济体与发展中国家而言，金砖国家推进体系改革的优势更加明显，但依然需要正视体系的改革阻力，寻求推进体系改革的路径。从苏联、欧洲与日本在布雷顿体系演变过程中的经验教训来看，单独从体系外施加压力（苏联）和单独从体系内推动变革（欧洲与日本）的成功率均不高，无法避免美国领导下的布雷顿体系从体系内或体系外缓冲压力，削弱金砖国家的改革影响力，延缓体系的改革进程。尤其是反全球化浪潮和民族主义日益高涨的今天，金砖国家的改革努力遭到了更加强烈的抵触。因此，必须想方设法从整体的角度同时考虑体系内、外的改革阻力，避免重

---

①　驻印度使馆经商处：《外媒：金砖国家集团在分歧中前行》，http://in.mofcom.gov.cn/aarticle/jmxw/201104/20110407496779.html（上网时间：2017 年 11 月 21 日）。

第三章　国际金融体系改革与发展中国家

走苏联、欧洲、日本的老路。

一、国际金融体系改革的阻力分析

在危机爆发后,虽然体系的影响力、G7的政治和经济领导力被不断削弱,但这并非意味着体系的崩溃,也并未根本性地动摇G7在权力结构中的主导地位。这其中的原因非常复杂,但如果仅将体系看作一个大型的国际金融组织,也许可以大致理解权力结构改革频频失利的原因。本书认为,其原因基本可以归结为体系整体的组织惯性。

根据组织惯性理论,虽然体系改革的机遇正当眼前,但是体系组织惯性却导致体系的变革效率低下。体系权力结构的改革,尤其是IMF和世界银行的权力结构改革即遭遇组织惯性的困境。2008年金融危机重创全球经济前,国际金融体系已经历了1994年墨西哥金融危机和1997年亚洲金融危机的考验,组织惯性在抵御外部改革压力方面发挥了巨大的作用,并在随后的2008年金融危机后再一次对改革的要求表现出了漠视和抵制,改革派的诸多倡议和努力或被瓦解,或被搁置,或被削弱。表面上看,改革派的努力是遭到个别国家的强烈阻挠,实则是体系整体的稳定与强大所致。确切地说,国际金融体系漠视与抵制的力量来自于多年来体系成熟的结构惯性和竞争惯性,它们迫使非权力核心国家面对权力结构可能失败的命运。

组织的结构惯性是指组织在结构、政策和管理理念中的惯性,它赋予国际金融体系的意义在于,核心组织成熟的制度、目标和标准的活动模式强化了组织结构的稳定性,同时构成了结构再生的基础和动力,使两大机构甚至整个体系都具备自我调整或自我修复的功能。以国际金融协调平台的变革为例,美国金融危机之后二十国集团(G20)取代G7成为名义上的国际金融权力平台实际是对新兴经济体要求改变国际金融治理结构的响应。对新兴经济体而言，G20 成为主要新兴经济体主张其金融权力、制衡 G7 霸权的新平台。虽然效果有限，但确实迈出坚实的一步，因此，受到新兴经济体的普遍欢迎；对 G7 而言，G20 虽然部分终结了"七国携手就能实现愿望"的霸权历史，但却未根本动摇 G7 的权力优势，也受到 G7 的认可。而对体系而言，G20 权力的扩张并未对其权力结构形成根本性调整，但却缓和了新兴经济体的"愤怒"，并且收获了新兴经济体的"资助"①，从而帮助体系恢复其因危机冲击而造成的金融权力的流失。而且，它赋予并保障了核心国家的利益，而这些受益国家也会尽力帮助体系完成自我调整或者自我修复的过程。因而，它既给组织带来稳定，又成为变革的阻力。② 一方面，国际金融体系的结构惯性使其自然漠视来自非核心国家的改革诉求，并稳定体系的组织权力结构。另一方面，稳定的组织结构强化 G7 的主导地位，而 G7 反过来却利用自身稳固的权力与地位抵制权力结构的改革，人为加大改革的难度。

组织的竞争惯性反映的是组织在获得竞争优势时改变竞争做法的次数。当处于一个开放的竞争环境时，如果竞争对手实力较弱，那么组织改变竞争做法的次数就越少，也就是说其组织惯性越大，反之越小。而现实是，在当前的国际金融环境中，国际金融体系核心组织的竞争环境均相对宽松，其改变竞争做法的意愿和频率都非常低。尤其在 1991 年经济

---

① 早在 2009 年英国 G20 峰会期间，各国就承诺向 IMF 注资 5000 亿美元，以提高其支持财困国家的能力；同时，G20 将大幅增加 IMF 特别提款权（SDR）规模 2500 亿美元。在 2010 年韩国 G20 峰会举行前夕，卡恩则宣称正在争取各方承诺，以求将其放贷资源从 7500 亿美元增至 1 万亿美元，从而构建防止未来金融危机的安全网络。2010 年 5 月，欧洲各国宣布将向希腊提供 1100 亿欧元贷款，其中 IMF 承担 300 亿欧元。一周之后，为防止危机扩散，欧盟又宣布了历史上最庞大救助机制，以帮助可能陷入债务危机的欧元区国家，在 7500 亿欧元资金中 IMF 将提供 1/3。

② Hanman M. & Freeman F., "Structural Inertia and Organizational Change", *American Sociological Review*, NO. 2, 1984, pp. 149 – 162.

互助委员会解体后，开放的国际金融环境并不具备新建金融体系的政治经济基础，布雷顿体系成为世界唯一的国际性金融体系，其竞争惯性被放大，改革意愿大幅度降低。典型例子就是1997年至1998年IMF应对亚洲金融危机的做法。在危机初期，亚洲国家提出建立总值1000亿美元的亚洲货币基金，以帮助部分国家应对危机的冲击，这个方案得到亚洲多国的积极响应。但是，亚洲货币基金的成立势必改变IMF的国际竞争环境，客观上可能降低IMF的竞争惯性，增加其维护自身利益的政治和经济成本。因此，美国坚决反对，坚持危机中的一切援助必须在IMF的框架下进行。但是，IMF苛刻的贷款条件和"一刀切"的"药方"并没有挽救危机中的国家，反而加剧了危机的破坏性。

因此，对当前的体系改革而言，阻碍改革的重要原因正是体系强大的组织惯性，具体来说是G7主导下的国际金融体系权力结构惯性，以及稀缺竞争性金融体系的国际金融体系竞争环境。由这两个因素构成的组织惯性深刻打击了国际社会改革国际金融体系权力结构的信心，更直接将改革进程拖入低谷。当前，美国仍不愿意放弃它的一票否决权，欧洲也仍未准备放弃对于国际货币基金组织高层人事的独占地位。由于国际金融体系权力结构改革进程被大幅延缓，金砖国家在体系内的政治经济主张无法实现，被迫在后金融危机时代处于"高经济低权力"的尴尬境地，即受权力结构挟制充当后危机时代的全球经济救世主角色，却没有因其出色的表现和巨大的付出获得应有的体系权力和地位。

总之，推动体系改革必须破解体系的组织惯性——结构惯性和竞争惯性。

二、国际金融体系改革的对策思路

自布雷顿体系整合经互会体系以来，欧洲、日本与部分新兴经济体与发展中国家均努力推动国际金融体系改革，成效虽然都不显著但有明显差异。新兴经济体与发展中国家的改革行为基本停留在草案中，欧洲与日本在"全球金融"阶段因为坚定的权力合作初步动摇了美国的体系霸权，但并未实现权力结构的重大变革。权力结构改革从根本上而言，是通过权力斗争打破体系的结构惯性，阻碍体系的再生能力。新兴经济体与发展中国家因权力分散而无法将改革方案送上谈判桌，欧洲与日本则在与美国的权力斗争中取得了部分收益，但因未严重打破体系的结构惯性，体系的再生能力削减了他们的权力斗争成果，其结果是欧盟与日本并未改变体系权力的份额安排。

从体系内部的角度看，欧洲与日本挑战美国霸权，希望美国让出其霸权衰落后的部分权力份额，是对体系结构惯性的挑战。虽然美国之前在与苏联的争霸过程中经济实力有所下降，其经济实力无法支持其在体系中的权力份额，但当苏联与经互会体系的解体化解了布雷顿体系的外部压力时，竞争惯性的强化为身为霸主国的美国节省了不少权力支出。而东方普遍衰落的经济实力与作为后来者的体系成员国身份，使其在经互会体系与布雷顿体系的统一过程中还未来得及对新的国际金融体系的权力分配产生根本性动摇，即权力结构改革的窗口并未打开，美国在权力结构中的优势非但并未下降，反而有所增强，并支持美国巩固了体系的结构惯性。

从体系外部的角度看，经互会体系的解体使布雷顿体系过渡到国际金融的静态环境，其他竞争对手的规模已无法对布雷顿体系形成实质性威胁，其竞争惯性的加强为美国与体系节约了大量成本，使体系专心实现内部建设。这为体系内部组织与制度的建设提供了相对安全和稳定的发展空间，有力巩固并提高体系的结构惯性。

因此，根据组织惯性理论，若要真正推动国际金融体系改革，必须从结构惯性与竞争惯性两方面寻求共同突破。本书认为，新兴经济体与发展中国家应该吸取欧洲与日本的经验教训，从体系内部与外部同时展开行动，打破体系的结构惯性与竞争惯性，同时也切断两者相辅相成的内在联系，真正推动体系的改革。对于改革主体金砖五国而言，就是在体系内部增强金砖国家的体系权力合力，降低体系结构惯性，推动权力结构改革方案的落实；在体系外部构建并增强体系的竞争对手，降低体系的竞争惯性，推动体系改革的频率与幅度。前者要求五国不仅要尽力增强自身体系权力，更要强化五国内部认同，提高"抱团取暖"的质量；后者要求五国寻求某种群体性合作，甚至是寻求更多的合作伙伴，对体系整体形成强烈的外部压力。

第三节 新时期的国际金融体系改革主体构建

一、新时期的改革主体探寻

目前，两股力量的对决成为国际金融秩序的新主角，发达国家与发展中国家的博弈退居其次。如果说联合国、世界银行、WTO、IMF、G7代表了全球化1.0时代，那么TPP（《跨太平洋伙伴协议》）、TTIP（《欧美跨大西洋贸易与投资伙伴协议》）、RCEP（《区域全面经济伙伴协议》）、AIIB（亚投行）、G20、金砖国家会议等机构预示着国际社会正逐步迈向全球化2.0。虽然多边贸易体制正面临反全球化与新贸易保护主义的侵蚀，但国际社会为此自发形成了多个区域甚至

● 国际金融体系改革与"一带一路"

是跨区域贸易协定,[①] 共同抵制可能出现的体系权力危机。该危机来自两个方面:一方面,反全球化和新贸易保护主义将加速体系的崩溃,以及金融权力从体系向国家的返还。南北体系权力的差距将进一步扩大,并随之影响到金融和贸易领域;另一方面,在体系未崩溃前,体系权力结构将进一步向发达国家倾斜,多年来新兴经济体与发展中国家的改革努力很有可能付诸东流。而这将带来更深远的国际影响,并进一步危及国际安全和国际秩序。例如,2016年的两大"黑天鹅事件"——英国脱欧公投成功和唐纳德·特朗普当选美国第45届总统。前者给欧洲一体化进程和全球化带来严重影响和负面示范效应,并某种程度上削弱了欧洲应对恐怖主义威胁和难民问题的能力;后者一系列鲜明的反全球化和贸易保护主义政策已经对全球化形成严重打击,越来越多的国家(包括发展中国家)主动或被动出台反全球化措施,如何填补美国退出的真空以及带来的负面影响成为发达国家、新兴经济体与发展中国家共同面对的世纪难题。由于TPP、TTIP、RCEP、AIIB、G20等一系列机构的建设进程不一,国际金融秩序和体系权力结构的重塑面临新的拐点。谁能在这个重塑进程中发挥关键性作用,谁能维护两个秩序间的平稳过渡,谁能在该进程中维护国际发展环境的和谐稳定,就能真正改革当前国家间经济实力与金融权力不匹配的矛盾,改变由此带来的国际金融秩序不稳定,缓和由此带来的南北关系、南南关系的深层次冲突,以及冲突引发的一系列国际问题,最终实现全人类的共同安全与共同繁荣。

前文已述,金砖五国至今为止的改革努力确有一定成效,但离体系改革的目标依然遥远,而且当前已并非金融危机发

[①] 王辉耀:《中国成为全球化的重要推动者》,《南方周末》2017年10月12日电子版。

生之初的改革良机。必须承认，虽然国际社会已经进入后危机时代，但危机所产生的影响并未散去，全球化与反全球化已经走到十字路口，发达国家从国际金融体系获取的边际收益呈逐年递减趋势，而特朗普上台、英国脱欧、恐怖袭击、难民问题等一系列因素削弱了民众对全球化的信任，反全球化战略在国际社会中迅速蔓延，现有国际金融治理框架遭受西方大国的普遍抵制，国际金融体系映射的全球化秩序面临崩塌风险，金砖国家的外部经济发展环境渐趋恶劣。因此，如果单纯依赖这几年的改革方案，还是无法真正推动体系的改革。对于国际社会而言，金砖国家当初作为对抗 G7 的改革主体地位是可以肯定的，其发展潜力和对全球的贡献也值得肯定，近几年在体系中的地位也得到世界银行和 IMF 份额变动的佐证。

但是，金砖五国的金融权力相比 G7 依然弱小，而且五国内部对于一些共识性的问题仍未达成一致。例如，五国都赞同在国际经济和金融秩序中争取更大的话语权，但并未在争取的方式上达成一致。此外，受反全球化和新贸易保护主义的影响，近几年俄罗斯、巴西和南非的经济增长并未达到预期。而且，受国际大宗商品价格回落的冲击，俄罗斯和巴西都面临掉入"中等收入陷阱"的危险。与此同时，金砖五国还广泛存在着经济利益差异，预示着金砖合作机制实体化进程将是一个渐进而漫长的过程，彼此间的合作基础还有待进一步的夯实，即升级金砖国家合作机制。[①] 如果金砖国家无法及时解决上述问题，那么改革主体的力量必须得到某种形式上的加强或补充，否则改革效果势必无法让人满意。为此，在 2017 年北京金砖国家外长会晤上，中国首次提出并介绍了

---

① 黄日涵：《中国将推动这个国际组织升级为 Plus 版，功能更强大》，http://column.cankaoxiaoxi.com/2017/0828/2223709.shtml（上网时间：2017 年 10 月 16 日）。

"金砖+"合作模式(以下简称"金砖+"),并将其引入后来举行的"厦门峰会",它的提出,"既可以加强与其他新兴经济经济体市场和发展中国家的协调交流,将金砖国家打造成为南南合作的重要平台,又可以凭借金砖国家联系发达国家和其他发展中国家的特殊优势,在推动南北合作的进程中发挥桥梁作用。"[①] 此外,"金砖+"为所有发展中国家深化与金砖国家的合作提供路径,避免新兴经济体与发展中国家内部的分化,从而加强新兴经济体与发展中国家金融权力的密切联络,增强体系的改革力量。对所有发展中国家而言,抱团取暖和共同发展已经超越国界、越越民族、超越意识形态,成为新的,更大范围的群体性认同。

然而,虽然"金砖+"模式符合广大新兴经济体与发展中国家的利益,却因为提出时间尚短(仅半年),相关理论和机制建设仍处于摸索和完善阶段,对部分国家的吸引力并不充分。同时,并不是所有国家都能够参与"金砖+",也并非所有国家都有这个意愿,换言之,"金砖+"所形成的合作平台效果还有待时间检验,且能否适应新时期的体系改革要求仍然存疑。"金砖+"更像是金砖国家合作机制的延伸,是为增强机制稳定性、紧密性和影响力的途径,它只是增强了金砖国家破除体系结构惯性的力量,却无法承担破除体系竞争惯性的主体责任。与此同时,虽然由美国主导建立的全球化1.0秩序正面临破产,而全球化2.0尚处于摸索之中,但是美国正以自己的实际行动阻挠该进程,以延长自己的权力周期。例如,近些年因为WTO已经不能完全执行自己的意志,美国转而打造TPP和TTIP,企图利用后者弥补减弱的金融权力。但是,当其他国家纷纷建立自己的区域金融安

---

① 王磊:《"金砖+"要为金砖加什么》,《光明日报》2017年09月02日,第06版。

第三章　国际金融体系改革与发展中国家

排并推进体系改革的进程时,美国的企图从形式、影响力和效果方面都大打折扣,因此它开始强化新贸易保护主义和加速反全球化进程。

在此背景下,改革主体的调整就显得理所应当。虽然同样是权力结构的改革,但却带有更多的时代特征。因为全球化1.0秩序正面临破产,2.0秩序尚未真正形成,部分发达国家和发展中国家的对外战略走向倒退,这是国际秩序不明朗时特有的现象,也是权力结构再调整的起点。换言之,改革主体不再拘泥于新兴经济体,或者发展中国家,更应包括部分发达国家。这将是一场国家集团间的拉力赛,为的是争取更多的中间国家,共同推动体系向2.0秩序过渡。这意味着,当前是不同认同之争,也是构建新认同的最佳时机。通过构建新的国家认同,建立新的国家集团或者国家合作机制,将为新一轮的金融权力之争奠定基础。对于发展中国家而言,他们相对弱小的事实和追求发展的愿望决定了他们必然选择全球化2.0,选择更进一步的全球化合作(包括与发达国家的合作)。经过多方寻找,世界将目光瞄向中国倡导的"一带一路"倡议。事实证明,相比其他新兴经济体倡导的金融安排,这个2013年由中国国家主席习近平倡议并主导的区域金融安排将成为各国普遍关注且广受欢迎的"共同体的金融体系"的范本(以下简称"共同体金融")。所谓"共同体金融",是在习近平人类命运共同理念基础上发展而来的概念,是指"以人类命运共同利益和风险为纽带,以普惠金融、绿色金融和数字金融为支撑的金融体系,是传统金融体系转型、改革和创新的结果"[1],是面向全球化2.0时代的新型国际金融体系。"一带一路"就是中国提出的"共同体金

---

[1] 陆红军:《共同体金融:人类命运利益纽带》,《国际金融报》2017年04月17日,第12版。

融"原型，是当前国际社会机制最为成熟、规模最为宏大、影响最为深远的方案，也是体系改革最为重要的制度基础、平台基础和合作基础。从国际金融发展的角度看，"一带一路"是顺应历史发展的必然产物，具体表现为以下三点：

第一，"一带一路"是国际金融发展到一定阶段的产物。

随着国际行为体和国际议题的增加，基于布雷顿体系发展起来的全球金融体系的能力边界日益显现，世界呼唤国际金融秩序的新变革，而作为上层建筑的世界秩序的整体转变为该变革提供了基础。这个基础并非美国鼓吹的"G2模式"，亦非多极模式，而是多层模式，不同层可以有不同的"极"。多重世界即是由多个关键角色之间复杂的相互依赖关系所构建。要想保证多重世界的有序稳定，必须由现有大国、新兴大国、各群体行为体和地区组织等多层次权威共同领导。① 在过去的100年里，"行为体之间从无序到有序、从相互抵触到合作共赢、从脱胎于一个日渐消失的旧体系向一个逐步形成的新体系转变"②，而多重世界的出现正将这种单一体系转变导向另一种可能：多重体系的共同发展。与此同时，网络时代下的非传统安全议题，如跨国犯罪、恐怖主义、网络安全、气候变化等深刻影响国际金融体系的职能和效果。因此，要想保证国际金融的稳定有序发展，行为体必须在多领域开展合作，并有条件地赋予他国权力来巩固合作。从这个角度来看，权力已成为一种正和博弈。③ 在此背景下，双

---

① 参见 Amitav Acharya, *From the Unipolar Moment to a Multiplex World*, YaleGlobal Online, http://yaleglobal.yale.edu/content/unipolar-moment-multiplex-world, July 3, 2014.（上网时间：2017年10月8日）。

② 参见杨洁勉：《大国外交理论与国际秩序建设："三个百年"思考》，http://ishizhi.cn/web/c_0000000400250005/d_2774.html（上网时间：2017年8月1日）。

③ Joseph S. Nye Jr., *Will the Liberal Order Survive*? Foreign Affairs, January/February 2017 Issue, https://www.foreignaffairs.com/issues/2017/96/4（上网时间：2017年8月1日）。

金融体系格局有望在多重模式时代重现，不同行为体基于不同认知在两个或多个群体行为体之间穿梭，其政策取向直接决定自由主义秩序的存亡，决定经济全球化的存亡。多重世界形成的多重权力格局和对多重体系的认同将改变行为体对国际金融的认知，帮助国际社会跳出"两极格局"和"非此即彼"的冷战思维，基于当前的金融秩序、金融结构和意识形态等因素探索全新的国际金融安排。对此，主要行为体都在寻求救世方案，有别于美苏时代的意识形态对立，成长于全球金融秩序的各国正在新理念下达成新的一致，以"人类命运共同体"理念为发展内核提出的"一带一路"倡议已经得到发达经济体、新兴与发展中经济体的普遍认同。

第二，"一带一路"是共同体金融的重大探索。

共同体金融是全球化2.0时代国际金融发展的应有形态，也是人类共同体的重要载体，但在当下却是超前的。二战后，国际社会主要出现了三种"一体化"理论，分别是欧洲联合进程中的一体化理论、美国秩序下的霸权稳定理论和美式全球化理论，以及苏联的国际分工理论。三种理论代表三种"一体化"探索，并基本实现了初步的目标。但是，随着苏联的解体、英国脱欧和美国退出TPP等标志性事件的出现，"一体化"实践已经或正走向破产。究其原因，这些理论存在明显不足，且不符合新兴经济体群体性崛起形成的国际环境。在众多主要新兴经济体的带动下，现今的国际社会更加强调主权、平等和自由，强调合作共赢，"一体化"理论逐渐被"共同体"理论所取代，后者的内涵、初衷和目标较前者也存在很大差异。不同于一体化理论涉及主权让渡，不同于霸权稳定论强调至上权威，不同于国际分工涉嫌霸权控制，"一带一路"是一种平等网络关系的范本，它肯定主权，"强调的是平等和相互尊重，是合唱而不是独奏，彼此容易从更强的关系网络发展到合作共赢的共生体系中……与霸权稳定论希望构建的等级性秩序，或者国际分工论设想的固化的上下关系相比，自然更符合合作共赢的潮流……这个价值观更符合'一带一路'沿线国家多元、多样的政治和文化生态"。①

在"一带一路"精神的指引下，其相关实践也展现出较欧洲、美国和苏联等更大的吸引力和执行力。"截至2017年10月，已有100多个国家和国际组织参与到'一带一路'建设中来，40多个国家和国际组织与中国签署合作协议，形成广泛国际合作共识……（中国）与相关国家开通了356条国际道路客货运输线路；海上运输服务已覆盖'一带一路'参与国家；与43个参与国家实现空中直航，每周约4200个航班。"② 由此看来，"一带一路"的理论是符合时代背景的，"一带一路"的实践也充分证明能够做好共同体金融的典范。

第三，"一带一路"重构了南南关系、南北关系。

新兴经济体的群体性崛起，已然改变了国际金融结构，并进一步推动其向纵深发展。与此同时，新兴经济体需要更大的平台来承载其经济金融需求，承载其改变与其他国家的互动方式，"一带一路"成为沟通南南关系、南北关系的重要桥梁。一方面，自2013年提出以来，"一带一路"以基础设施建设为着眼点，促进经济要素有序自由流动，成功打造出开放、包容、均衡、普惠的区域合作框架，③成为南南合作的重要平台，并得到了国际社会的普遍认同。"2016年11

---

① 苏长和：《互联互通：理解国际关系的新概念》，《中国社会科学报》2015年12月8日第1版。

② 伍策、一丁：《100多个国家和国际组织参与"一带一路"建设》，http://travel.china.com.cn/txt/2017 - 10/16/content_ 41737750. htm（上网时间：2017年10月18日）。

③ 许利平：《"一带一路"为南南合作增添新动力》，《解放军报》2017年4月23日第4版。

月，联合国大会首次在决议中写入'一带一路'倡议，得到193个会员国一致赞同。今年3月，安理会首次在决议中载入'构建人类命运共同体'理念，呼吁通过'一带一路'建设加强区域经济合作，敦促各方为'一带一路'建设提供安全保障环境，加强发展政策战略对接，推进互联互通务实合作。"[1] 而且，随着新亚欧大陆桥、中蒙俄、中国－中亚－西亚、中国－中南半岛、中巴、孟中印缅六大国际经济走廊建设进程的不断深化，新兴经济体与发展中国家的联系也会更加密切、更加务实、更加健康持久。另一方面，"一带一路"的发展壮大还为新兴经济体与发展中国家建立了面向发达国家的沟通渠道。作为"一带一路"的主要组成部分，亚洲基础设施投资银行[2]已经成为沟通新兴经济体与发展中国家和发达国家的重要媒介。在该机构中，新兴经济体与发展中国家通过加入亚投行寻找基础设施建设的资金、投资渠道和合作渠道，发达国家则希望更好打入规模庞大和潜在利润丰厚的亚洲基础设施市场，双方在该机构事务中实现双赢，促成双方对话与合作的可能。进一步而言，亚投行成为加强南南关系、南北关系，密切发展中国家与发达国家联系，促进国际社会向更加扁平化发展的重要平台。

---

[1] 顾震球：《专访："一带一路"倡议已成为南南合作典范——访联合国秘书长南南合作特使、联合国南南合作办公室主任豪尔赫·切迪克》，http://news.xinhuanet.com/overseas/2017-05/09/c_1120942413.htm（上网时间：2017年10月18日）。

[2] 截止目前，亚投行成员国数量从创建时的57个增至80个。自运营以来，亚投行共批准了16个投资项目，总金额为25.7亿美元，包括2017年要落实的7.7亿美元，2017年能够达到预期的目标。亚投行官方公布的投资项目显示，成立至今，亚投行共为巴基斯坦、塔吉克斯坦、孟加拉国、印度尼西亚、缅甸、阿曼等多个亚洲国家项目提供了超20亿美元的贷款，撬动公共和私营部门资金逾100亿美元。

● 国际金融体系改革与"一带一路"

二、共同体金融的权力合力:"金砖+"与"一带一路"

当前,国际社会正处于全球化1.0向全球化2.0过渡的关键时刻,体系改革的重要性较之前有更大的提升,谁能在过渡时刻掌握主动权和话语权,谁就能在未来掌握关键性权力。而复杂严峻的国际形势和国际金融局势表明,金砖国家机制的改革能力已无法适应时代发展要求,即便"金砖+"得以成功亦只能破除体系的结构惯性,而破除体系竞争惯性的重任只能交给新时期的金融体系形式——"共同体金融",其中与金砖国家关系最为密切、协作能力最强的"一带一路"堪担此任。因此,金砖国家要想在未来的体系改革浪潮中再次占据主动,必须在某种形式上与"一带一路"形成某种合作关系,即通过"金砖+"与"一带一路"来推动当前的体系改革。

自2009年二十国集团伦敦峰会以来,G20在功能上取代了G8成为最重要的全球议题定期协商机制。过去8年不仅是G20平台的发展史,亦是金砖国家的发展史。可以说,目前G20内部主要是两股力量在博弈中寻找平衡:一是美国主导的G7;二是以中国为首的金砖国家。[①] 若要与前者形成共生之势,金砖国家只能寻求建立类似G7的更加成熟稳定的合作机制,而后者在过去十年的合作中积累了丰富的合作经验,并建立了金砖国家机制、金砖银行和应急储备安排等一系列安排,但依然无法真正撼动G7所构建的体系权力结构,甚至在反全球化和新贸易保护主义下呈衰退之势,直到"金砖+"的出现。

---

① 朱云汉:《金砖五国如何撼动世界秩序?》,http://pit.ifeng.com/a/20170901/51835194_0.shtml(上网时间:2017年10月12日)。

第三章　国际金融体系改革与发展中国家

"金砖+"的出现标志着金砖国家合作机制迈向新阶段，提升金砖五国在体系权力结构改革进程中共同进退的能力，打破了G7极力维护的体系权力结构的稳定性基础，并强化G20取代G7作为体系新权力核心的地位。从金砖国家内部看，"金砖+"是五国巩固其作为主要的体系改革主体地位的主要举措。一方面，"金砖+"将"增强金砖国家合作机制的吸引力、亲和力、开放性和生命力，将有助于减少非金砖国家对该机制的疑虑和抵制；"[1]另一方面，"金砖+"也是转移和减弱五国内部矛盾，进一步挖掘五国的经济潜力，提升五国经济实力的重要手段，更是整合五国金融权力资源推动体系改革的必由之路。从体系改革上看，金砖五国的发展已遭遇瓶颈，短时间内大幅度提升实力已无可能，面对反全球化和新贸易保护主义，以及其他新兴经济体与发展中国家的强势崛起，如果不能在全球化2.0时代占据主动，恐将错失改革时机。因此，推动"金砖+"成为体系改革的有力主体，也是弥补金砖国家本体实力有限的最佳扩权选择。而且，当前正处于全球最大的"共同体金融"——"一带一路"的蓬勃发展期，如果不能形成新的合力，也无法在"一带一路"权力结构的构建初期获得最大的收益。

此外，金砖国家还必须打破体系的组织惯性，即体系的结构惯性与竞争惯性。事实上，金砖国家联合推动体系权力结构改革，亦是对体系结构惯性的冲击，是阻碍体系结构再生并刺激体系结构重组的重要步骤，而降低体系竞争惯性则要求金砖国家必须与体系的竞争者——"一带一路"结成某种密切联系。换言之，只有"金砖+"与"一带一路"合作，才能成功推动体系改革进程。一方面，"一带一路"严

---

[1] 王鹏：《"金砖+"概念的巨大潜力》，http://www.beijingreview.com.cn/shishi/201709/t20170908_800104297.html（上网时间：2017年10月19日）。

重削弱了旧体系的竞争惯性。多年来，旧体系凭借在国际金融中的垄断地位形成了极强的竞争惯性，其他区域的金融安排无法对旧体系形成外部性压力，导致旧体系自身改革压力有限。但是，"一带一路"的诞生改变了这个情况。与其他区域的金融安排不同，经过几年努力，无论是规模、机制、机构和影响力，"一带一路"均已初具共同体金融的形态，并客观上对旧体系形成了真正的竞争关系（例如亚投行分流了世界银行的客户）。另一方面，"一带一路"的诞生也严重削弱了旧体系的结构惯性。前文提到，旧体系的结构惯性来自于其成熟的制度、目标和标准的活动模式，这些因素构成了结构再生的基础和动力，也赋予其自我调整或自我修复的能力。但是，"一带一路"的出现势必对其行动模式形成挑战和威胁，部分削弱了其结构再生的基础和动力。伴随着"金砖+"模式与"一带一路"运营模式和执行能力得到国际社会的认可，世界银行和IMF组织再生的基础和动力势必遭受打击，其自我调整或自我再生的能力也将被削弱。

　　从长远的角度看，"一带一路"的发展前景十分广阔。以亚投行为例，基于当前主要创始成员国在国际经济领域的影响力与渗透力，亚投行可通过无条件地投资沿线甚至其他区域的基础设施建设、服务区域金融的稳定与发展获得相应的经验和认同，其规模和实力也会随之增长，并最终成长为全球性的金融机构。可以预见，在一系列努力下，"一带一路"将会成为独立、成熟的共同体金融，将来甚至可能与旧体系形成双金融体系的格局。在此期间，"金砖+"借助五个成员国在"一带一路"中的特殊地位，以及自身模式的优越性进一步成长，并有可能成为新兴经济体与发展中国家的俱乐部，从而有更强的能力与发达国家争夺金融权力。换言之，"金砖+"与"一带一路"的共同成长将日益冲击旧体系权力结构，导致国际金融权力结构日益扁平化，G7相对于

第三章　国际金融体系改革与发展中国家

金砖国家的权力优势将被迫拉近，以金砖国家为代表的新兴经济体权力集团便可能与 G7 分享体系的核心决策权。当然，以 G7 为主的权力大国不允许他国动摇其主导的旧体系的地位和影响力，因此"金砖+"与"一带一路"的发展前景势必是以与权力大国的博弈为主，即新生的"一带一路"能否突破 G7 主导的旧体系的包围圈，发展成为一个成熟、独立、庞大的共同体金融。

　　为了保证完成真正推动旧体系权力结构改革，进而推动旧体系演变的历史使命，"一带一路"应该从战后体系的三个阶段中吸取经验与教训，避免走上经互会体系解体的老路。当然，在当前国际金融环境下，"一带一路"与经互会体系已然存在诸多差异。首先，"一带一路"是经济全球化的产物。与诞生于东西方意识形态和制度模式对立的经互会体系不同，"一带一路"诞生于经济全球化的新世纪，是市场经济孕育的共同体金融雏形，相关国家均施行市场经济体制，他们相互竞争又相互合作，不存在类似苏联的中心权威国家，因此，也不存在计划经济式的生产与消费的统筹安排；其次，"一带一路"具有天然共生属性。"一带一路"是诞生并脱胎自旧体系内部的共同体金融雏形，是为了抗议和弥补后者向新兴经济体与发展中国家权力分配不公与管理能力有限的不足，二者并不似经互会体系与布雷顿体系那样的敌对关系。作为基于"人类命运共同体"理念形成的产物，"一带一路"不但不以消灭或取代旧体系作为本体系宗旨，还以帮助后者完善权力分配与职能管理为目标，换言之都是为了国际金融的稳定与发展而存在。再次，"一带一路"是开放的共同体金融，成员国与外界保持广泛且深入的经贸往来，其经济行为与政治决策相对独立，且内外结算均以美元与本国货币为准，在国际贸易与国际货币等方面和国际金融完全接轨。最后，"一带一路"拥有共同且坚定的观念基础。苏联与经互

● 国际金融体系改革与"一带一路"

会体系解体的思想根源是其混乱的观念基础，是对自我政治制度与经济制度的普遍质疑，是经济基础薄弱与西方思想入侵所导致的上层建筑崩塌。"一带一路"的观念基础是构建人类命运共同体，是希望通过发展而实现命运共同的国家集合，是以推动体系权力再分配、实现国家共同繁荣为目标的价值认同，得到了新兴经济体与发展中国家，乃至绝大多数发达国家的广泛支持与认同，保证了"一带一路"的发展和稳定。

　　如果按照当前的规划顺利发展，"一带一路"的未来必然不仅仅是一个区域共同体金融，而是会成长为全球性的金融体系。但是，它与当前体系很难再现当初经互会体系与布雷顿体系的平行且对立的关系，而是会在共同体理念的影响下走向互补互惠，或者说全球化2.0时代的共同体认同将改造旧体系。"一带一路"作为旧体系的外部竞争压力将会强化改造的效果，这是全球化2.0的大趋势。当前，旧体系并不会因为"一带一路"的壮大而降格为亚金融体系，"一带一路"更相当于旧体系的补充与修正，而旧体系则为"一带一路"提供了与其他区域金融行为体互动的平台，并建构了"一带一路"共同体金融合作平台的身份与利益。从整体上看，"一带一路"建构了新的群体行为体。对于旧体系而言，"一带一路"是一个施动者，它与其他行为体互动共同重塑国际金融体系；对"一带一路"加盟国而言，"一带一路"为其提供了互动的区域合作平台，并对内建构其作为"一带一路"加盟国的身份，加强加盟国对"一带一路"的群体性认同，强化其作为旧体系改革力量的主要施动者身份。在"一带一路"发展的过程中，对旧体系的不认同和对"一带一路"的观念转变过程将持续改变各国的认知，并在此过程中改造旧体系的权力结构与观念结构，旧体系因此不断面临被挑战被改革的压力。虽然"一带一路"与旧体系的实力差距过于悬殊,但得益于和平浪潮、高度的经济相互依赖以及"一带一路"沿线相对稳定的政治经济格局,致使"一带一路"遭遇经互会体系解体命运的机率极低。因此,即使在当前无法组建双金融体系的前提下,"一带一路"依然对旧体系变迁产生非常积极的正向推动作用,其将不断丰富国际社会的金融观念结构,调整体系维护者与体系改革者的权力分配,协调权力分配与认同分配的关系,影响相关行为体的对外行为,甚至推进体系的改革进程。

三、强化"金砖+"与"一带一路"的认同

(一) 强化认同的原因

综上所述,"金砖+"是金砖国家合作机制发展到一定阶段的必然产物,"一带一路"的倡议也是符合历史发展规律的,二者的出现均符合新兴经济体与发展中国家的政治和经济发展需要,二者的合作将壮大新兴经济体与发展中国家的力量,壮大改革体系的力量,并继续推动经济全球化的正向发展。二者合作并非空穴来风,而是有着一定的合作基础,主要表现在:第一,理念认同。"一带一路"和"金砖+"均基于人类命运共同体的核心理念,确切地说是"一带一路"共同发展、"五条线路"的规划愿景,同开放包容、合作共赢的金砖精神高度契合、一脉相承。任何国家,只要认同"一带一路"精神,认同人类命运共同体的理念追求,都会得到"一带一路"的认同与欢迎。同样,"金砖+"不再拘泥于金砖五国的传统架构,凸显了开放、包容特点,为更多的新兴经济体与发展中国家提供了共同发展的新平台。[1] 事实上,"金砖+"始于2010年接纳南非,此后便开始了

---

[1] 王辉:《"金砖+"可与"一带一路"携手发展》,http://www.qstheory.cn/wp/2017-09/07/c_1121625324.htm(上网时间:2017年11月6日)。

"金砖+"经由金砖峰会传达开放、包容的理念。2013年南非峰会邀请非洲国家,2014年巴西峰会邀请拉美国家,2015年俄罗斯峰会邀请欧亚国家,2016年印度峰会邀请孟加拉湾国家。"金砖+"一直在延续,且广受欢迎。[1] 其次,两者的建设目标趋同。"一带一路"以政策沟通、设施联通、贸易畅通、资金融通、民心相通,即"五通"建设为主要目标,金砖合作则以贸易投资大市场、货币金融大流通、基础设施大联通、人文大交流,即"四大"为目标,两者内容相近。第三,两者的合作领域相同,都涉及经济、政治和文化三大领域。两者都以经济合作为首要任务,形成经济、政治、文化三轮驱动的格局。第四,两者的合作对象一致。"金砖+"所合作的对象基本相同,主要是"一带一路"沿线的新兴经济体与发展中国家。第五,两者的合作机制相似。两者都是通过多层次合作机制,以高层推动、战略对接、双多边机制、民间交流等机制方式增加共识,深化合作。

基于共同的发展理念、建设目标、合作领域、合作对象及合作机制,"金砖+"应当与"一带一路"倡议协同发展、相互补充、有效衔接,共同建设开放型世界经济,推动全球治理体系变革。"金砖+"与"一带一路"将成为经济全球化进程中相互依存、协同驱动的两架马车。诚然,金砖合作和"一带一路"也存在诸多差异,但二者可以包容差异,互补发展,在基础设施、贸易、金融等方面的互联互通上合作空间广阔。"金砖+"与"一带一路"的创新合作模式,将有利于扩大金砖国家和"一带一路"国家整合利用各自的资源优势和项目需求,有效开展战略对接和务实合作,释放创新机制活力,提高平台合作质量,分享政策红利,形成协同

---

[1] 郑青亭:《中国扩大金砖朋友圈 对接"一带一路"加强合作》,《21世纪经济报道》2017年9月6日数字版,http://epaper.21jingji.com/html/2017-09/06/content_70000.htm(上网时间:2017年11月6日)。

效应。

那么，囊括"金砖+"的金砖国家合作机制与"一带一路"应通过何种途径形成合力承担改革体系的重任？本书认为，应通过某种形式加强二者的认同，实现在机制上独立、在观念上融合的局面，为二者合力推动全球秩序变革服务。相比较"一带一路"，金砖机制的历史相对较长，合作基础较好，且五国与"一带一路"均有密切联系，因此，将五国整体融入"一带一路"的理念和合作，是目前最为经济和最为理想的认同强化路径。为了达成改革体系的目标，金融权力提升的前提是成员国向心力的提升，即对"自我"与"他者"的反复确认。对于"一带一路"的成员国而言，内部权力的合理分配是强化成员国身份认同的基础，而成员国间平等、互利的贸易往来则是强化成员国"自我"认同的必要过程。"一带一路"权力的分配应基于成员国对各国（包括自己）身份和能力的认同，而经济实力、对共同体金融乃至全球金融的贡献将作为权力分配的核心参考因素，且其权力结构将呈现扁平化的网状结构，帮助发展中国家，尤其是新兴经济体获得更多本属于本国的金融权力，以及主权派生权益，这是当前的旧体系无法给予的。当然，像亚投行等金融属性特别强的机构，则应该根据成员国的经济实力和承担的责任义务给予大致的权力分配，但同时会依据内部影响力给予微调整。无论过程如何，权力结构和运行模式最终会以制度形式确立。一般而言，在确定权力结构之后，除非遭遇战争或金融危机等严重的外部压力，权力结构会因组织惯性而在相当长的时间内保持大致稳定。在"一带一路"的发展进程中，对"他者"（旧体系）的反复确认成为强化体系认同、维持体系稳定的主要手段，而旧体系一日无法在其权力份额再分配事实上妥协，反全球化浪潮和新贸易保护主义一日不消弥，"一带一路"对"他者"的确认过程就不会停止，并存有持续加强的可能。事实上,"他者"(旧体系)的作用主要是营造"一带一路"外部竞争压力,即冲击现有体系权力结构、损害加盟国利益的观念。在成员国对体系基本认同的情况下,对旧体系的反复确认将构建体系的外部生存压力,推动加盟国合作抵御外力入侵。

(二)强化认同的途径

1. 加强认同的基础条件

温特认为,四种因素会促进国家互动过程中认同的形成,它们是相互依存、共同命运、同质性和自我约束。[①] "其中任一因素都不能确保形成集体认同,只有前三种因素中的至少一种因素与自我约束组合,才可能导致集体认同的形成。"[②] 而对以人类命运共同体为构建理念的"一带一路"而言,其集体认同的形成因素要更加全面彻底。

相互依存是全球化时代的共赢选择,也是权力博弈的直接表现。根据《权力与相互依赖》中的定义,相互依存是指国家之间或者不同国家的行为体之间,有赖于强制力的相互影响和相互联系。这意味着,相互依存的核心要点就是互动。基于国际金融竞争与合作的特性,相互依存可以指朋友间的合作关系,也可以指对手间的敌对关系。[③] 在经济全球化时代,相互依存是一个不断加深的历史进程,期间可能会有起伏,但相互之间的依存可能是不对称的。[④] 无论是发达国家与发展中国家,还是发展中国家内部,均存在不同程度的不对称性。这种不对称性在全球化的今天普遍存在,它即是一

---

① 亚历山大·温特,秦亚青译:《国际政治的社会理论》,上海人民出版社,2000年版,第430—452页。
② 宋伟:《国家认同与共同观念:对社会建构主义核心概念的反思》,《国际政治科学》2008年第4期,第111页。
③ 亚历山大·温特:《国际政治的社会理论》,第431页。
④ 陈琪:《经济相互依存与制衡》,《世界经济与政治》2002年第9期,第15页。

种客观存在的状态，又是群体内国家对相互依存状态的主观判断。[1] 群体内相互依存程度的提高，有助于对群体认同的提高。当群体内国家相互依存度高于群体外时，有助于加强群体内国家对"自我"和"他者"的区分，进而促进合作的进一步深化。此处的共同命运是指成员国的生存与发展依赖于整个群体的状况。当整个群体面临外来威胁时，成员国就会因为共同命运而选择合作，并在多次重复合作中增强彼此认同感，同时弱化个体意识而强化群体意识，推动整个群体朝着更加稳定、紧密的方向发展。所谓同质性，是指国家拥有相似的类别身份。这种同质性可以体现在政治、经济、文化等多个领域。一般而言，同质性越大越容易得到其他国家的认同。当群体内国家的同质性高于群体外国家时，群体内国家将建构对群体本身的认同，进而将群体特征认同为自己的特征，即形成对群体制度、理念和利益的认同。"自我约束是指国家的战略克制，它源于自省和自律而不是外在强制力，是国家间认同的转化的关键所在。"[2] 自我约束的表现形式大致有三种：自觉遵守国际社会习惯、制度、法律、规范等；单方面对自己的实力或利益进行主动约束；在互动过程中主动让渡主权或者国家利益。相比较其他区域经济安排，甚至旧体系，"一带一路"有着良好的认同基础。作为共同体金融的依托平台，"一带一路"倡议在设计之初就充分考虑认同因素。后危机时代，国家考虑的首要因素是国家的生存与发展，对发展中国家（亚投行成员国另论）而言，国家生存和发展基本受惠于经济全球化，有维护全球化持续发展的共同意愿。尤其在面对反全球化浪潮和新贸易保护主义之际，他们愿意通过合作参与经济全球化进程，对倡导共商、

---

[1] 亚历山大·温特：《国际政治的社会理论》，第431页
[2] 封永平：《大国崛起困境的超越：认同建构与变迁》，中国社会科学出版社，2009年版，第219页。

共建、共享的"一带一路"充满兴趣,并积极寻求从政治、经济、法律等层面与之形成对接。与此同时,国家间的相互依赖程度进一步加深,对"自我"和"他者"的区分也逐渐明晰。尤其是美国不再维护旧体系的一系列行径,强化了各国对"一带一路"的认同。

"一带一路"能在短期内得到全球社会的广泛认同,尤其是得到沿线国家的大力支持,离不开上述基础条件。或者说,"一带一路"是顺应历史发展的产物,是引领国际社会全面走向全球化2.0时代的主要示范。当然,作为新兴经济体探索共同体金融的引路者,中国尚需在两方面加强投入,一是完成"一带一路"的理论塑造,二是完善"一带一路"的公共物品供给。

2. "一带一路"的理论塑造

"一带一路"的发展历程实际是新时期共同体金融自我构建的过程,其发展规划、发展路径和发展理念都处于不断的完善过程,具有明显的实践探索特征,其实践经验是新时期共同体金融建设的最大财富。过去几年,"一带一路"建设已经从初期的摸着石头过河,逐步过渡到基本框架更加清晰、工作方式更加明确、合作共识更加广泛、建设成果更加丰富的新阶段。[①] 通过中国与沿线国家发展战略的不断对接,"一带一路"形成巨大的规模效应和社会效应。俄罗斯欧亚经济联盟建设、印度的"季风计划"、蒙古的草原丝绸之路经济带、哈萨克斯坦的"光明之路"、欧盟"容克计划"等都在积极探索与"一带一路"达成战略对接,至今已有100多个国家和国际组织参与"一带一路"建设,中国同30多个沿线国家签署了共建合作协议,同20多个国家开展了国际产

---

① 刘晓明:《"一带一路"主张开放包容发展》,http://www.ftchinese.com/story/001072663(上网时间:2017年11月3日)。

第三章 国际金融体系改革与发展中国家

能合作,联合国等国际组织也态度积极,以亚投行、丝路基金为代表的金融合作不断深入。[①]作为共同体金融的典型代表,"一带一路"从点到面、从双边到多边、从经济到战略的全面合作经验,已经得到沿线国家,甚至线外国家的广泛认可。此外,除美国、日本等个别国家外,多数发达国家也都表现出极大的兴趣,"一带一路"的发展经验正被广泛借鉴、复制和发展。

但是,在实践的同时,"一带一路"亦暴露出理论的不足,尤其是当全球对"一带一路"推进经济全球化向纵深发展充满期待时,其理论支撑和话语体系建设显得十分薄弱和滞后。加强"一带一路"建设基础理论研究,构建"一带一路"理论体系,既是进一步促进凝聚国际共识、营造全球良好氛围的迫切要求,也是今后有力有效有序推进"一带一路"建设的基础支撑。"一带一路"建设的实践探索,将促进形成以包容共享为根基的国际经济新秩序、以合作共赢为核心的新型国际关系以及以共同发展为目标的国际发展合作,三位一体、互为逻辑、开放性、复合型的理论框架。[②]目前来看,"一带一路"的理论基础与历史上主要理论基础都不尽相同,即并非美国式的一体化理论,亦非苏联式的国际分工理论,也非欧洲式的主权让渡理论,而是颇具中国特色的"一带一路"共同体发展理论,该理论溯源早已在中国国家主席习近平的系列讲话中系统呈现,具体是指:在以"和平合作"、"开放包容"、"互学互鉴"和"互利共赢"为核心元素的丝路精神的指引下,以"政策沟通、设施联通、贸易畅通、资金融通、民心相通"(简称"五通")为主要内容,

---

① 梁生文:《"一带一路"建设的三点经验》,http://news.cri.cn/20170424/e69a2435-ee48-400a-21cb-3599d16bc1c8.html(上网时间:2017年11月2日)。

② 程国强:《构建"一带一路"理论体系的思考》,《中国产业经济动态》2017年第14期,第18页。

打造"一带一路"沿线国家政治互信、经济融合、文化互容的利益共同体、责任共同体和命运共同体。① 相比较国际三大发展理论,"一带一路"共同体发展理论更具包容性、平等性、互利性和合作性,并向国际社会表明以中国为首的新兴经济体推动落实联合国 2030 年可持续发展目标、推动全球共同发展的国际责任感和大国形象。同时,该理论还表明其独具中国特色的合作思想,即中国不会走美国、苏联的霸权主义老路,也不会走欧洲的主权让渡路径,更不会延伸当前不合理的国际金融治理方案,而是主张在新时期新阶段不断凝聚和扩大共识,实现跨文明、跨制度、跨战略的共同体价值认同。同时,"一带一路"关注本国利益与他国利益的共同共通之处,协调不同差异之处,在谋求自身发展同时促进共同发展,致力于实现双赢、多赢、共赢;携手全球各国挖掘世界经济增长的新动能,有效应对世界经济增速放缓、全球化进程受阻、南北发展不平衡、环境污染加剧等全球性挑战,协力解决关乎世界发展和人类进步的重大问题。②

3."一带一路"的公共物品供给

无论是为了国家崛起,还是为了争夺话语权,提供公共物品都是国家获得正向认同的最佳途径。新兴经济体的群体性崛起,缩小了南北政治和经济差距,强化了新旧两种国际秩序的结构性冲突。以中国为代表的新兴经济体正引领世界走向共同体时代,而提供"一带一路"公共物品则成为新兴经济体推动旧体系变革,改变国际金融权力分配的直接方式。当然,"一带一路"公共物品的提供,符合共同体时代的合作理念和价值追求,也是新经济全球化和新全球治理时代的

---

① 参见 2015 年发布的《推动共建丝绸之路经济带和 21 世纪海上丝绸之路的愿景与行动》。
② 程国强:《构建"一带一路"理论体系的思考》,《中国产业经济动态》2017 年第 14 期,第 21 页。

主要落脚点。实践证明,四年来,中国主导的"一带一路"以点带线、以线带面,从物质、制度和精神三个层面为沿线乃至线外国家提供了丰富的公共物品,确立了中国干实事、"一带一路"送实惠的国际形象,吸引众多线内线外国家共同参与"一带一路"的建设。

在物质层面,后危机时代,中国依然是世界经济增长的主引擎,为世界经济增长贡献约30%,为美国的一倍。当前,中国与沿线国家贸易额已超过1万亿美元,占其外贸总额的1/4。未来十年,"一带一路"将新增2.5万亿美元的贸易量。此外,中国通过"一带一路"平台与沿线国家开展自贸区、投资协定谈判（已完成11个）,并强调与沿线各国发展战略和已有的合作机制对接,推动全球层面的投资协定谈判进程,为全球化提供动力。经过一系列有效供给,沿线国家的投资贸易环境、贸易合作水平、投资贸易产出发生质变,不仅帮助该地区抵御应对后危机时代的反全球化浪潮和经济风险,而且降低了该地区因经济问题带来的政治、军事和环境问题,维护了区域稳定和安全。特别是在当前全球经济持续低迷的情况下,支持沿线国家推进工业化、现代化和提高基础设施水平的迫切需要,有利于稳定当前世界经济形势。[1]尤其是"一带一路"的基础设施互联互通项目,将为线内线外国家带来巨大的经济效益。林毅夫曾指出,"发展中国家每增加1美元的基础设施投资,将增加0.7美元的进口,其中0.35美元来自发达国家。全球基础设施投资将增加发达国家的出口,为其创造结构性改革空间。"[2] 据IMF测算,未来五年,仅"一带一路"沿线国家基础设施建设累计投资额将

---

[1] 王义桅:《丝路启示录:"一带一路"提供新型公共产品》,http://column.cankaoxiaoxi.com/2017/0509/1973109.shtml（上网时间:2017年11月4日）。

[2] 林毅夫:《以"全球基础设施投资"应对全球经济挑战》,http://www.chinanews.com/cj/2016/10-14/8032250.shtml（上网时间:2017年11月4日）。

● 国际金融体系改革与"一带一路"

超过3万亿美元。仅以亚洲地区的基础设施的投资资金缺口为例,根据最新的亚开行的统计数据,每年就超过1万亿美金。①据此,未来五年,"一带一路"沿线将增加2.1万亿美元的进口,其中1.05万亿美元来自发达国家,这将对唱衰经济全球化的反全球化和新贸易保护主义者形成有力回击,推动国际社会加速走出全球金融危机泥潭。

在制度层面,金融危机爆发以来,中国发起成立丝路基金、亚投行、金砖银行、应急储备安排等新型多边金融机构和金融安排,促成国际货币基金组织完成份额和治理机制改革。亚投行作为"一带一路"最为典型和成功的全球合作项目,其成员国数量已从2016年创立时的57个增至2017年11月的80个,预计年底将超过90个,国家遍布亚洲、欧洲、非洲、美洲和大洋洲。其中,东盟十国、金砖五国悉数加入,G20已有15国加入,欧盟国家也超过半数在内。亚投行已经成为旧体系的主要外部压力之一,激励旧体系的变革。同时,亚投行亦是凝聚国际共识、化解南北结构性矛盾、构建人类命运共同体的互利合作网络、新型合作模式、多元合作平台。

在理念层面:"一带一路"是一项规模宏大的实践性工程,近年来在实践过程中逐渐完善了其发展理念,这是"一带一路"附带的观念性公共产品。中国主要倡导的理念主要有两个——人类命运共同体和丝路精神。二者共同构成了"一带一路"共同体金融的理论核心,亦是"一带一路"的发展理念,更是"一带一路"公共物品的供应理念,得到线内线外国家的普遍认同。以丝路精神为例,"和平合作、开放包容、互学互鉴、互利共赢"的丝路精神,是共同体金融的实现路径。所有国家作为独立、平等的参与者,可以主动、

---

① 陈莹莹:《"一带一路"资金需求大 多元化融资体系待完善》,http://www.cs.com.cn/xwzx/201708/t20170801_5401794.html(上网时间:2017年11月3日)。

自主参与"一带一路"的建设，可以基于本国实际开展双边和多边合作。中国欢迎所有有意愿参与"一带一路"建设，并为该倡议提供正向帮助的国家参与其中。所有国家相互学习相互借鉴发展理念和发展经验，在不损害本国利益的基础上共享"一带一路"发展成果，共同为推动经济全球化和区域经济发展作出自己的贡献，并在此基本上探寻新时期人类共同价值体系，构建人类命运共同体。

第四节 中国建设"一带一路"的建议

一、中国参与改革的策略选择

改革开放以来，中国凭借以"经济建设为中心"的基本国策和中华民族的不懈努力，不但书写了东方发展奇迹，而且成为了世界第二大经济强国。但是，要实现进一步的腾飞必须创造出符合中国利益的国际金融环境，而这促使中国与其他新兴经济体合作推动国际金融体系改革。当前，国内外形势正在发生深刻复杂变化，中国发展仍处于重要战略机遇期，前景十分光明，挑战也异常严峻。多年来，中国经济始终保持良好增长，国内生产总值已达 11 万亿美元，稳居世界第二，对全球经济增长贡献率超过三成。面对体系权力结构改革的时代机遇，中国的态度正由金融危机前的被动接受转变为危机后的积极进取。对中国而言，合理的权力结构调整是实现中国自我身份认同的根本前提，也是中国突破权力结构边缘化尴尬进入体系决策核心的制度保障，更是保证在新全球化时代持续健康发展的重要筹码。作为最大的金砖国家、最大的发展中国家和世界第二大经济体，中国理应在体系权力结构中获得与之匹配的位置与份额，而相对接近权力中心的位置才符合中国当前的经济实力与国际地位,也是促使中国更加积极维护国际金融秩序、保障国际金融安全与稳定的内生动力。但是,鉴于中国特殊的国情,以及在国际金融体系改革经验方面的匮乏,使其不得不参考历次金融体系变迁的经验教训。确切地说,国际金融环境与中国特色社会主义道路,以及中国的经济实力,决定了中国在推动国际金融体系改革,尤其是国际金融权力斗争的对外行为方面,与之前的苏联、欧洲、日本存在较大不同,中国需要借鉴这些国家(地区)的改革经验,也需要结合本国的特殊情况切实推动体系的改革。

作为体系中权力份额最多的新兴经济体,金砖银行、亚投行、丝路基金等一系列机制的核心决策者,以及"一带一路"的领航者,中国正以多重身份推动体系权力结构的改革,甚至是体系的整体性演变。而国际社会正以复杂的眼光看待中国的和平崛起。美国金融危机后,中国日益活跃的表现已经再一次引发国际社会关于"中国威胁论"的讨论,甚至于"金砖威胁论","这实际反映出部分西方国家对国际金融权力格局演变的不适应与本能抵触,是对金砖国家合作机制转型升级的一种误读"[①]。在后来的改革进程中,金砖国家的改革道路遭遇反全球化和新贸易保护主义的强烈抵抗,以金砖国家为代表的新兴经济体均不同程度地面临增长动能减弱的局面,全球经济更是因此受到增长动能不足。这意味着旧体系在经历短暂的来自金砖国家的内部改革压力后又继续运转,究其原因还是没有打破竞争惯性的外部压力存在。但是,"一带一路"正改变这种现状,它正朝着完善的共同体金融发展,并成为新时期全球金融治理的重要力量和重要平台。中国正通过"一带一路"联合所有改革力量和发展力

---

① 朱杰进:《金砖国家合作机制的转型》,《国际观察》2014年第3期,第60页。

量，在新型经济全球化的关键期，从旧体系内部和外部瓦解发展惯性，推动共同体金融的构建。这是一条全新的改革道路，也是一个超越金融权力再分配的宏大工程。

近年来，中国在旧体系内的影响力在不断扩大，但依然无法从形式上反映出来，或者说现有的权力结构依然无法反映中国的经济实力和全球影响力，这也是中国一直不懈推动"金砖+"和"一带一路"的主要原因。为了在全球化2.0时代中占据主动，从根本上改变在全球化1.0时代的尴尬境地，中国应该更加积极主动、奋发有为地参与到全球治理进程中去。一方面，持续推进体系权力结构扁平化改革。权力结构演变进程的滞后性和缓慢性注定了权力结构改革是一项需要长期坚持的工作。虽然中国已经成为权力结构改革最大的受益者，其他金砖国家也不同程度地在该过程中获益，但在金融权力层面与G7依然有相当差距，致使新兴经济体与发展中国家的权益主张仍然无法有效实现。为此，中国应在推动"金砖+"和"一带一路"建设的过程中，提高分享发展成果的效率和效果，让所有参与合作与建设的国家继续受益，从而加强他们对中国主导的各金融安排的认同，进而加强他们对中国本身的认同，并最终形成更加强大的改革力量，持续推进权力结构的扁平化改革；另一方面，主动承担与权力相符的国际责任，提供必要的公共物品。随着中国经济实力和国际影响力的蹿升，中国承担国际责任的态度已经由被动走向主动，由消极走向积极，主动承担了与经济实力和金融权力相符的改革责任。除了后危机时代主动承担全球经济发动机以外，中国还主导或者倡导建立了金砖银行、应急储备安排、亚投行、"一带一路"、丝路基金等一系列国际金融安排和金融机构，逐步树立新兴经济体金融权力大国的国际形象。同时，中国主动承担责任可以引导体系权力结构的演变方向，最大程度规避不利中国的演变方向。当然，中国必须量力而行，过度地承担改革责任不但会透支中国的经济能力，也会引起发达国家甚至个别发展中国家的恐慌，破坏改革力量的稳定与团结。

以上仅为中国提供方向性的建议，中国过于强大的经济实力以及由此产生的联系性权力（金融权力）对部分国家而言依旧是"威胁"，中国依然要面临对其主导权的合法性和合理性质疑。因此，中国改革的力量源泉依然是本国经济发展，只有本国经济实力足够强大并为国际社会提供周到的公共物品服务（包括理论、制度和机构等），才能真正消除这种恐惧心理。同时，虽然体系改革的声势看似浩大，但当前胶着的金融权力斗争局面已经暗示体系权力结构的改革最终会走向妥协，即新兴经济体与发展中国家和发达国家最终会接受一个折中的体系权力分配方案。基于此，中国若想在制度之外建立起国际金融权力大国的形象，巩固业已或即将取得的国际金融权力，必须将过剩的金融权力制度化。要实现这个目标，提供或主导某种公共产品成为必然选项，而整合分散在外的金融权力成为实现这个目标的首选，尤其是整合"金砖+"和"一带一路"所蕴含的金融资源和权力资源，并在此基础上构建共同体金融，从而形成突破旧体系组织惯性的改革力量，即对内通过群体性博弈打破结构惯性，对外通过"一带一路"打破竞争惯性，从而打破旧体系的组织惯性，最终实现构建人类共同体金融的伟大目标。

二、当前"一带一路"的主要工作

中国将"一带一路"写入中国共产党第十九次代表大会报告和中国共产党党章表明，中国政府高度重视"一带一路"建设，拥有坚定推动"一带一路"国际合作的决心和信心，也将为中国在新时代与各方携手共建"一带一路"，推动构建新型国际关系、共建人类命运共同体进一步指明方向，注入强劲动力。① 根据当前的发展态势，"一带一路"发展成为区域共同体金融已是必然，且会在金砖机制和亚投行的帮助下走向全球，为实现人类金融共同体的使命贡献力量。因此，对于当前的"一带一路"而言，中国需要在深化现有金砖国家合作机制的基础上，明确"一带一路"的角色定位及其建设路径。

（一）"一带一路"的角色定位

作为中国崛起以来最为宏大的国际工程，"一带一路"的建设成败与中国的国运息息相关，与新时期中国的全球和命运共同体的倡导骨肉相连。"一带一路"的角色地位及未来发展直接影响中国人类命运共同体的实现程度，以及中国能否借此成为新时期全球秩序的核心建设者和维护者。"以'互联互通'为合作重点和纽带的'一带一路'建设，有助于将中国与沿线国家打造成和平合作、开放包容、互学互鉴、互利共赢的利益共同体、命运共同体和责任共同体。"② 从这个角度看，"一带一路"将成为人类命运共同体构建进程的稳定器和推进器，成为全球化1.0秩序最大的破局者。为此，中国应从整合金融权力、发挥权力潜力的原则出发，进一步厘清目前可整合的权力资源，并从国家战略层面对他们进行最佳投资。确切地说，中国应整合新兴经济体与发展中国家及部分发达国家，整合分散在各处的国际金融权力，推进全球化1.0秩序的变革和塑造全球化2.0秩序。

在"一带一路"的建设过程中，不免会遇到"一带一路"与金砖机制的关系问题。中国是二者共同的发起者和核心力量，并推动二者成为全球金融治理的重要力量。从发展

---

① 详见2017年10月26日外交部例行记者会报告。
② 李俊久：《"一带一路"的角色定位和风险防范》，http://www.cssn.cn/zzx/gjzzx_zzx/201605/t20160531_3031983.shtml（上网时间：2017年11月19日）。

目标来看，二者都是新兴经济体与发展中国家反击不合理的旧秩序、维护经济全球化发展的产物。但是二者实现目标的方式稍有不同。金砖国家发展"金砖＋"模式，是想通过该模式壮大自身力量，它更加注重五国自身的发展问题，希望通过发展谋求旧体系内的重要地位，进而推动体系的发展进程。而"一带一路"的发展宗旨是与参考建设的国家共同发展、共享成果。它是通过所有参与国的发展反击反全球化和不合理的旧秩序。从发展路径来看，金砖机制是"一带一路"的基础与实践，"一带一路"是金砖机制的发展与探索。前者的诞生与发展，是共同体理念宣扬和理论系统化的过程，而最近的"金砖＋"模式则是该理论的升华和应用的体现。无论是从诞生时间还是内在逻辑看，金砖机制和"一带一路"都具有内在联系，中国提出的利益共同体、责任共同体和命运共同体均不同程度地被金砖机制所采纳，并在"一带一路"中得到进一步阐释，而金砖机制本身更是成为共同体系列理论的最佳实践，从而为中国推出符合所有新兴经济体与发展中国家共同利益的"一带一路"命运共同体框架打好基础。

但是，金砖国家与"一带一路"也存有不同。从规模、影响和前景来看，"一带一路"都较金砖机制更加出色，金砖五国因此也全部加入"一带一路"，都希望在"一带一路"建设中受益。从双边机制建设来看，"一带一路"要优于金砖机制。目前，受制于沿线国家复杂的政治、经济、人文和法律环境，以及沿线国家合作基础薄弱的现实，"一带一路"的合作主要以双边合作为主，且大部分项目均取得突破性成果。相反的，"一带一路"的多边合作要弱于金砖机制。暂且不提金砖五国已于2013年开始探索"金砖＋"模式，其本身就是多边合作成功的典范。

此外，作为金砖机制和"一带一路"的核心部分，金砖银行与亚投行关系亦很微妙。

从目前的发展来看,近百个国家的加盟为亚投行提供了巨大的国际金融权力资源、资本投资市场和国际金融问题协调能力,其影响力与发展潜力远超金砖银行,成为目前制衡旧体系反对力量的最大可能,但却不应也无法取代金砖银行。一方面,二者的建立目标存在差异。虽然金砖银行与亚投行均为相关经济体建设基础设施、推动旧体系变革的重要尝试,但二者依然在建立目的方面存在着差异。金砖银行主要是金砖五国共同倡导的,构建五国金融安全网络、深化五国合作机制,融合五国经济实力与体系权力份额共同推进旧体系改革的重要途径。而亚投行则是中国为立足亚洲、服务全球而倡导建立的多边金融合作平台,其目的主要是充分挖掘亚太地区在基础设施建设方面的潜力,满足有关国家在基础设施融资方面的巨大需求。[①] 另一方面,亚投行内部的权力与认同关系较复杂。亚投行近二十倍于金砖银行的成员国数量虽然为其成为国际金融的重要一环奠定了基础,但同样也意味着其要面临更为复杂的权力分配与认同分配,尤其是其决策机制能否满足多数成员国的需求,新兴经济体与发展中国家能否在西方大国相继加入后取得权力份额的理性分配等都尚无定论。中国既要顾及其他成员国,特别是大国的利益,又要不违背自己的利益和初衷,更要防范非成员国(美国和日本)的外部压力。换言之,亚投行的运营必将被错综复杂的权力、认同关系所牵绊,对亚投行本身乃至整个"一带一路"建设的健康发展造成影响。

综上所述,从良性发展和国家利益的角度考虑,金砖机制仍应保持独立发展的趋势。同时,应加强金砖国家在"一

---

① 中国新闻网:《中方:亚投行与金砖国家开发银行并行不悖、相互补充》,载中国新闻网 http://www.chinanews.com/gn/2014/11-03/6747349.shtml(上网时间:2017年11月21日)。

带一路"内部的代表性，以成熟的金砖五国机制引导"一带一路"的健康发展。对于中国而言，利用中国的经济优势同时推进金砖机制与"一带一路"的建设，是实现中华民族伟大复兴的重要举措，中国应全力维护好二者的发展，实现本国经济实力的金融权力化。一方面，通过加强金砖国家的内部认同强化五国在"一带一路"的权力集中，增加中国的金融权力优势；另一方面，利用好当前"一带一路"引导者地位，努力将其打造成完善的共同体金融，弥补旧体系的权力真空，并进一步削弱其竞争惯性，增加旧体系改革的成功率。此外，中国还可以借在亚投行的巨大优势影响同在该行的其他金砖国家的决策行为，间接避免金砖银行因权力均分原则所造成的"集体行动之困境"，强化金砖国家推进旧体系改革的能力。总之，应密切联系金砖机制与"一带一路"，利用二者的微妙关系继续推进权力结构的改革进程。只有这样，才能促进国际金融体系权力结构的转变，引领世界尽快摆脱后金融危机时代的阴影，尽快走向世界经济的全面复苏。

（二）亚投行的建设路径

作为"一带一路"的核心部分，亚投行的建设至关重要。当前，亚投行的发展速度超出预期，得到全球主要市场的广泛认同和加盟（美国和日本等除外）。在此过程中，亚投行正超越亚洲其他经济（金融）安排（如亚洲开发银行），成为亚洲经济一体化的重要推手。通过支援亚洲国家基础设施建设，以及鼓励和推行人民币的国际化，亚洲内部的认同基础正加速凝聚。在金融权力结构的分配方面，亚投行更加注重地区权力的塑造。亚投行规定，亚洲地区国家持股占比达75%，远高于亚洲开发银行的60%，而且中国认缴的股本占30.34%，投票权占26.06%，保证中国拥有一票否决权（重大项目需要75%投票权）。从这个角度来看，亚投行更能保证亚洲发展中国家的利益，其决策权也更能体现发展中国家的意志，避免出现亚洲开发银行内由发达国家甚至域外国家主导的可能性（美国和日本均拥有亚洲开发银行15.06%的投票权）。虽然随着成员国数量的不断扩大，中国的投票权可能会下降，但基本能保证金融权力结构向发展中国家倾斜。作为共同体金融的机制化运作典范，中国并不会利用亚投行"争霸"，而是本着命运共同体的理念寻求平等合作、互利共赢的良性发展模式。同时，中国也应防范美国和日本改变政策加入亚投行，改变现有的新兴经济体与发展中国家主导的局面。

此外，中国还应注意以下三点：

一是保证亚投行的良性发展。亚投行是"一带一路"的核心发动机，也是旧体系改革的重要参与者，它的良性发展是引领国际社会全面走向全球化2.0的重要一环。中国做好亚投行内部的自我约束的同时，也应保证亚投行开放性政策不会导致其成为第二个亚洲开发银行。亚投行的金融权力必须牢固掌握在亚洲国家手中。鉴于75%的投票权掌握中亚洲国家手中，中国需要通过加强与其他发展中国家的合作关系，尤其是通过基础设施投资和"一带一路"建设合作等项目，将亚洲成员国的利益牢固绑定在一起。此外，中国还应考虑增强亚投行的全球影响力。亚投行的成员国遍布世界，且很多国家还参与了其他国际经济（金融）安排，间接帮助亚投行完成了全球的影响力渗透。因此，中国需要考虑如何利用这层关系，向全球传播亚投行的发展理念，以及中国共同体金融的发展理念，从而为"一带一路"的发展铺路。当然，中国还应仿效美国充分利用自身经济优势，借助亚投行推进人民币的国际化进程，借由货币一体化降低对美元的依赖，维护域内国家的货币安全和金融稳定。

二是完善亚投行的金融权力结构。亚投行是"一带一路"的核心组成部分，其发展前景和全球影响力为世人瞩目,它正在重塑区域乃至全球的国际金融格局,更是打破旧体系组织惯性的关键因素。中国应该引导亚投行的金融权力参与旧体系的改革进程。一方面,利用亚投行改革国际金融规则。中国应不遗余力地发展亚投行,通过亚投行的投资项目降低其他国家的融资成本,输出平等合作、互利共赢的价值观,从而打破旧体系金融机构的垄断地位,促使它们改革国际金融规则。同时,中国还要借亚投行加速人民币国际化,帮助亚洲摆脱对美元的依赖,从而打破旧体系的货币封锁。另一方面,利用亚投行削弱美国霸权。自特朗普上台以来,美国的种种行为已使其与盟国越走越远,G7大部分成员国加入亚投行的事实表明,欧洲希望有更多选项。中国应该抓住新机遇,帮助欧洲参与投资亚洲基础设施项目,提振欧洲经济。对于国际金融权力结构而言,欧洲的加盟将大大改善南北结构性矛盾,推动世界经济迈向更深层次的多极化转变。

三是关注沿线国家的投资风险。"一带一路"主要集中在南亚、中亚、东非等地区,中国对沿线国家的投资主要面临三类风险:一是地缘政治风险,部分沿线国家政局不稳定、政权更迭无常,给中国的投资项目带来较大不确定性;二是民主法制风险,沿线各国针对外国直接投资的政策和法律大多不健全,经常因为外部环境变化而进行调整,而且中国企业国际化大多处于起步阶段,不少企业在沿线国不知法、不守法的现象比较突出,给中国企业的投资行为带来巨大风险;三是经营性风险,沿线国家大都是经济欠发达国家和地区,"一带一路"项目大多属于基础设施投资,普遍面临回报周期长、投资回报率不高、财务可持续性不强等问题。[1] 此外,大量的国际经验表明,不恰当的投资行为会加剧东道国对投

---

[1] 任亮:《中国将用"一带一路"打造新版全球化范本》,http://opinion.jrj.com.cn/2017/05/15111422477858.shtml(上网时间:2017年11月21日)。

资来源国的猜疑和抑制。对此，中国政府应从构建认同的角度加速推进"一带一路"建设进程，尤其是深化与沿线国家的双边合作和多边合作，加速与沿线国家的战略对接、法律对接和政策对接，消除沿线国的猜疑和抑制。同时，政府应与本国乃至东道国的民间智库合作，持续跟踪、调研沿线国家的投资环境，引导中国企业规避投资风险，全力服务于"一带一路"建设的伟大工程。

结　　论

现实建构主义认为，权力分配与认同分配决定一国的对外政策。在国际金融体系中，国家对体系权力结构的认同是国家对外金融政策的根本出发点。各国对外政策在国际金融领域的频繁碰撞最终表现为国家间的互动。对于国际金融体系而言，权力结构与行为体互动共同决定体系的演变方向。

但是，权力分配认同与权力分配并不同步，前者相对滞后且易受外界影响。国际金融内的权力分配认同虽然也受到政治、军事和文化等因素的影响，但归根结底是经济因素在起作用，即经济实力结构的巨大改变。经济实力结构是金融权力分配结构的物质基础，是国际金融体系权力分配的主要依据。它的改变最终将反映到国家分配认同上，原金融权力大国与新兴经济大国的分配认同差异的扩大终将动摇权力分配的合法性地位，推动国际金融体系的演变进程。

对于现代国际金融体系而言，冷战时期超级大国决定国际金融体系演变方向的可能性已经微乎其微。鉴于美国超强政治经济实力的国际性影响和G7的金融霸权现状，少数国家金融权力斗争结果决定国际金融体系演变方向的可能性已不存在，国家集团的金融权力对抗成为新世纪国际金融体系权力斗争的主要特征。

冷战后，真正对旧体系权力结构产生影响的是新兴经济体的群体性崛起。他们的崛起，持续推动了全球治理体系的深度变革。2008年金融危机后，作为新兴经济体的代表金砖

结　论

国家与 G7 进行了艰苦博弈，推动国际金融体系的权力分布反映变化了的全球经济实力对比，以及由此产生的新的全球治理体系。虽然改革初期取得一定成就，但后危机时代的反全球化浪潮强烈打击了金砖国家的经济面，致使改革进程进入胶着状态。但是，金砖国家的改革经历却印证这样一个事实，即构建一个更加公正、合理、均衡的国际金融体系需要持续不断的经济金融投入，需要强大的体制机制支撑。结合国际金融体系战后三个阶段的演变过程，本书认为国际金融体系改革的阻力主要源于体系强大的组织惯性。因此，要想切实推动体系权力结构改革，必须降低甚至打破体系的组织惯性，即结构惯性与竞争惯性。而在具体操作过程中，改革表现为国际金融权力的斗争，体系内金融权力的斗争结果决定结构惯性的强弱，体系外金融权力斗争的结果决定竞争惯性的强弱。为此，金砖国家从两方面实施努力，一方面遵循欧洲与日本的策略，从体系内部寻求权力让渡，通过博弈从现有的 G7 手中寻求体系权力份额的转移，另一方面借鉴苏联的策略，从体系外部构建竞争者，意图通过金砖银行与金砖应急储备从体系外部对体系施加改革压力，甚至实现体系整体权力的让渡。

但是，随着国际秩序从全球化 1.0 逐步迈入 2.0 时代，人类命运共同体成为新时期新兴经济体与发展中国家的主要发展形式和终极目标，并得到许多发达国家的认同，国际金融体系面临着彻底变革的命运，国际社会再次审视金砖国家的改革努力。金砖国家的改革努力并未失败，但却无法在反全球化浪潮下为其提供足够动力，且无法建立对当前国际金融体系的有效外部压力。新兴经济体需要寻求增强其经济实力和扩充金融权力的方式，构建更为强大的组织惯性突破力量，同时还需为其经济增长提供源源不断的市场和广泛的认同基础，而由中国提出的"一带一路"正好符合此要求。

● 国际金融体系改革与"一带一路"

结构惯性层面,"一带一路"的高速发展不仅将增强所有参与建设的新兴经济体与发展中国家的经济实力,而且将进一步推动国际金融体系的改革进程。目前,"一带一路"及金砖机制等新兴经济体主导的各类机制正填补因金融危机造成的金融权力真空,协调发达国家与发展中国家的金融权力鸿沟,且已经展现出全球化稳定器的作用。"一带一路"已经成为缓和南北结构性矛盾、改变南南金融权力分散的局面、全面提升改革阵营实力的重要力量。竞争惯性层面,"一带一路"正朝着共同体金融的方向飞速发展,双金融体系局面的出现必是大势所趋。对于所有参与建设国而言,双金融体系的出现将改善南北金融权力严重不平衡的现状,对现行国际金融体系形成外部竞争压力,推动其进行自我改革与完善,尤其是金融权力结构的改革,并在此基础上构建符合全人类利益的国际金融环境。此外,"一带一路"其实承载更加重要的历史使命。作为共同体金融的最强音,"一带一路"实则代表一种新的方向,即创造一个南北共荣、不分彼此的新型合作平台。虽然该过程必然长久且艰难,但其所倡导的价值观和世界观将帮助推动体系的改革进程,并最终实现人类共荣的终极目标。

作为世界第二大经济体和最大的新兴经济体,中国应把握此次发展机遇,吸取美苏平行金融秩序建设中的经验与教训,并结合十九大报告提及的"一带一路"建设是构建人类命运共同体的主动实践和方法路径,推动人类命运共同体成为发展中国家的普遍认同,与发展中国家一道,通过引入"金砖+"、亚投行等体系外探索的合作渠道,引入亚开行、世界银行等其他合作模式,将"一带一路"打造成集群体性意志、金融权力和金融资源等于一体的国际金融体系的参考者与"他者",从而推动"一带一路"与当前金融体系在体系内外的双重互动,最终推进当前金融体系的改革和国际秩序的重塑。同时，中国须谨慎处理好三对关系：一是与沿线国家的关系。沿线许多国家政治、经济、法律和文化等多领域差异显著，同时多数国家还存在民族纠纷、宗教矛盾与领土争端等问题，更是大国政治博弈的重要舞台。因此，中国在建设"一带一路"时应对现有关系予以重新定位和梳理，形成层次分布合理、符合中国与相关国家关系实际的伙伴关系体系，从而为"一带一路"的顺利实施提供更加有利的国际环境。[①] 二是与美国等发达国家的关系。"一带一路"建设以来，西方对中国的质疑就不绝于耳。这些质疑实际是对中国模式是否具有普适性的质疑。到底是以西方主导的国际规则统筹"一带一路"，还是以"一带一路"统筹国际合作？这些质疑直接影响中国倡导的"人类命运共同体"理念和"一带一路"的国际认同。因此，中国要加强"一带一路"的风险预防能力和规范建设水平，用"人类命运共同体"理念改进西方国际规则，建立符合中国与沿线国家利益的新标准和新模式。同时，应在"一带一路"建设中避免陷入"修昔底德陷阱"，邀请包括美国、欧盟、日本、韩国等国在内的发达国家共同参与"一带一路"，用发展处理好与发达国家之间的关系。三是"一带一路"与当前金融体系的关系。"一带一路"是在当前金融体系的框架下成立并发展的，二者在全球化时代应该相互依存、共同发展。二者的关系并非平行对立，应明确前者是后者的建设者和改革者的身分定位，二者在互动博弈中不断建构彼此身分，不断推动彼此的完善和发展。此外，"一带一路"不可能也不应完全脱离该框架，应该与该框架下的其他机构开展密切合作。"一带一路"要加强与世界银行、IMF、亚投行、非洲开发银行、欧洲复兴

[①] 李渤、安成日、徐希才：《中国的"一带一路"倡议及同其周边国家的"伙伴关系"建设》，《延边大学学报（社会科学版）》2017年第4期，第18页。

开发银行等机构有着广泛的合作空间。合作不仅可以解决"一带一路"与这些机构共同存在的生存与发展问题，而且可以促使所有机构为改革现有金融体系贡献自身力量，共同服务全球市场。

参考文献

一、中文部分

（一）中文著作

1. 蔡拓：《全球问题与当代国际关系》，天津：天津人民出版社，2002年版。
2. 陈观烈：《货币·金融·世界经济——陈观烈选集》，上海：复旦大学出版社，2000年版。
3. 陈玉刚：《国家与超国家——欧洲一体化理论比较研究》，上海：上海人民出版社，2002年版。
4. 方连庆、王炳元、刘金质主编：《国际关系史（战后卷）上册》，北京：北京大学出版社，2006年版。
5. 封永平：《大国崛起困境的超越：认同建构与变迁》，北京：中国社会科学出版社，2009年版。
6. 胡伟：《"一带一路"：打造中国与世界命运共同体》，北京：人民出版社，2016年版。
7. 金挥、陆南泉、张康琴主编：《苏联经济概论》，北京：中国财政经济出版社，1985年版。
8. 邝梅：《国际政治经济学》，北京：中国社会科学出版社，2008年版。
9. 李慎明、王逸舟主编：《2005年全球政治与安全报告》，北京：社会科学文献出版社，2005年版。

10. 李永忠、董瑛：《苏共亡党之谜 从权力结构之伤到用人体制之亡》北京：商务印书馆，2012年版。

11. 倪世雄：《当代西方国际关系理论》，上海：复旦大学出版社，2001年版。

12. 人民出版社编辑部：《苏联社会帝国主义经济统计资料》，北京：人民出版社，1977年版。

13. 孙吉胜：《语言、意义与国际政治》，上海：上海人民出版社，2009年版。

14. 王斯德、钱洪：《世界当代史（1945—1988）》，北京：高等教育出版社，1989年版。

15. 王逸舟：《当代国际政治析论》，上海：上海人民出版社，1995年版。

16. 王正毅、张岩贵：《国际政治经济学：理论范式与现实经验研究》，北京：商务印书馆，2003年版。

17. 王正毅：《国际政治经济学通论》，北京：北京大学出版社，2010年版。

18. 王逸舟：《西方国际政治学：历史与理论》，上海：上海人民出版社，1998年版。

19. 吴建国：《"G20与中国"：中国特色大国外交与"一带一路"（中文版）》，北京：外文出版社，2016年版。

20. 徐天新、沈志华主编：《冷战前期的大国关系：美苏争霸与亚洲大国的外交取向》，北京：世界知识出版社，2011年版。

21. 俞可平：《全球化：西方化还是中国化》，北京：社会科学文献出版社，2002年版。

22. 袁正清：《国际政治理论的社会学转向：建构主义研究》，上海：上海人民出版社，2005年版。

（二）译著

1. ［俄］尼·伊·雷日科夫:《大国悲剧》，徐昌翰等译，北京：新华出版社，2008 年版。

2. ［法］孟德斯鸠：《论法的精神（上）》，张雁深译，北京：商务印书馆，1959 年版。

3. ［法］雅克·阿达：《经济全球化》，何竟、周晓幸译，北京：中央编译出版社，2000 年版。

4. ［美］保罗·R·克鲁格曼、［美］茅瑞斯·奥伯斯法尔德：《国际经济学：理论与政策》，黄卫平等译，北京：中国人民大学出版社，2011 年版。

5. ［美］弗雷德里克·皮尔逊、西蒙·巴亚斯里安：《国际政治经济学：全球体系中的冲突与合作》，杨毅、钟飞腾、苗苗译，北京：北京大学出版社，2006 年版。

6. ［美］汉斯·摩根索：《国家间政治：权力斗争与和平》，徐昕、李保平译，北京：北京大学出版社，2006 年版。

7. ［美］亨利·基辛格：《大外交》，顾淑馨、林添贵译，北京：人民出版社，2010 年版。

8. ［美］肯尼思·奥耶编：《无政府状态下的合作》，田野、辛平译，上海：上海人民出版社，2010 年版。

9. ［美］肯尼思·华尔兹：《国际政治理论》，苏长和译，上海：上海人民出版社，2008 年版。

10. ［美］罗伯特·基欧汉，约瑟夫·奈：《权力与相互依赖——转变中的世界政治》，北京：中国人民公安大学出版社，1992 年版。

11. ［美］罗伯特·吉尔平：《国际关系政治经济学》，杨宇光等译，上海：上海人民出版社，2003 年版，第 219 页。

12. ［美］罗伯特·吉尔平：《国际关系政治经济学》，杨宇光等译，上海：上海世纪出版社，2011 年版。

13. ［美］罗伯特·吉尔平：《全球政治经济学：解读国际经济秩序》，杨宇光、杨炯译，上海：上海人民出版社，2006 年版。

14. ［美］罗伯特·吉尔平:《全球资本主义的挑战——21世纪的世界经济》,杨宇光等译,上海:上海人民出版社,2001年版。

15. ［美］托马斯·库恩:《科学革命的结构》,金吾伦、胡新和译,北京:北京大学出版社,2003年版。

16. ［美］温都尔卡·库芭科娃、［美］尼古拉斯·奥鲁夫、［美］保罗·科维特主编:《建构世界中的国际关系》,肖锋译,北京大学出版社,2006年版,第130页。

17. ［美］亚历山大·温特:《国际政治的社会理论》,秦亚青译,上海:上海人民出版社,2000年版。

18. ［美］约瑟夫·M.格里科、［美］G.约翰·伊肯伯里:《国家权力与世界市场》,王展鹏译,北京:北京大学出版社,2008年版。

19. ［美］詹姆斯·多尔蒂等:《争论中的国际关系理论》,阎学通译,北京:世界知识出版社,2003年版。

20. ［挪］盖尔·伦德斯塔德:《战后国际关系史(第6版)》,张云雷译,北京:中国人民大学出版社,2014年版。

21. ［日］山本吉宣:《国际相互依存》,北京:经济日报出版社,1989年版。

22. ［瑞］让·皮亚杰:《结构主义》,倪连生、王琳译,北京:商务印书馆,2010年版。

23. ［苏］斯大林:《苏联社会主义经济问题》,北京:人民出版社,1971年版。

24. ［英］保罗·肯尼迪:《大国的兴衰:1500年至2000年的经济变化和军事冲突》,梁于华等译,北京:世界知识出版社,1990年版。

25. ［英］海伍德:《全球政治学》,白云真、罗文静译,北京:中国人民大学出版社,2013年版。

26. ［英］罗伯特·康奎斯特:《最后的帝国——民族问

题与苏联的前途》，上海：华东师范大学出版社，1993年版。

27. ［英］马丁·怀特等著：《权力政治》，宋爱群译，北京：世界知识出版社，2004年版。

28. ［英］苏珊·斯特兰奇：《权力流散：世界的国家与非国家权威》，肖宏宇等译，北京：北京大学出版社，2005年版。

29. ［英］苏珊·斯特兰奇：《国家与市场》，杨宇光等译，上海：上海人民出版社，2012年版。

（三）中文期刊

1. ［丹麦］李形，［丹麦］奥斯卡·G.奥古斯丁著，崔洋、林宏宇译：《相互依存式霸权："第二世界"和金砖国家的崛起透析》，载《国际安全研究》2014年第1期。

2. ［美］比伦特·格卡伊、达雷尔·惠特著，房广顺、车艳秋译：《战后国际金融体系演变三个阶段和全球经济危机》，载《国外理论动态》2011年第1期。

3. ［美］尼古拉斯·奥努夫：《建构主义的哲学渊源》，载《世界经济与政治》2006年第9期。

4. 艾尚乐：《国际金融治理的新趋向——中国参与G20机制的改革与发展》，载《改革与战略》2012年第1期。

5. 曹广伟、何章银、杜清华：《经济危机与国际经济秩序的演变》，载《世界经济与政治论坛》2013年第4期。

6. 陈建奇：《"一带一路"与全球经济治理创新》，《学习时报》，2017年7月21日第6版。

7. 陈琪：《经济相互依存与制衡》，《世界经济与政治》2002年第9期。

8. 陆忠伟：《世纪之交的国际经济形势与经济安全》，载《现代国际关系》1999年第6期。

9. 程国强：《构建"一带一路"理论体系的思考》，载《中国产业经济动态》2017年第14期。

10. 崔志楠、邢悦：《从"G7时代"到"G20时代"——国际金融治理机制的变迁》，载《世界经济与政治》2011年第1期。

11. 戴相龙：《认识国际金融体系》，载《中国金融》2013年第17期。

12. 董青岭：《现实建构主义理论论述》，载《国际政治科学》2008年第1期。

13. 甘士杰：《"经互会"经济一体化的今昔》，载《世界经济研究》1989年第8期。

14. 高海红：《金融全球化与国际金融体系：对东亚的挑战》，载《当代亚太》2008年第2期。

15. 葛华勇：《国际货币金融体系改革的思考》，载《中国金融》2009年第1期。

16. 龚鸥：《俄罗斯和苏联国民生产总值的增长及其与美国的比较》，载《世界经济译丛》1994年第1期。

17. 关雪凌、于鹏、赵尹铭：《金砖国家参与全球经济治理的基础与战略》，载《亚太经济》2017年第3期。

18. 郭树勇：《建构主义的"共同体和平论"》，载《欧洲》2001年第2期。

19. 胡孝峰：《战后美国的经济》，载《历史教学》1997年第10期。

20. 胡燕芬：《经互会国家合作和一体化的作用、问题和发展前景》，载《苏联东欧问题》1990年第2期。

21. 黄薇：《全球经济治理之全球经济再平衡》，载《南开学报（哲学社会科学版）》2012年第1期。

22. 焦兵：《现实建构主义：国际政治的权力建构》，载《世界经济与政治》2008年第4期。

23. 李本：《国际货币基金组织份额制改革与中国的进路分析》，载《法学论坛》2010年第2期。

24. 李巨廉：《战争与和平历史运动的转折——一个中国学者对第二次世界大战的思考》，载《史学理论研究》2005年第3期，第18页。

25. 李天栋、冯全普：《次贷危机与国际金融秩序重构的博弈分析——兼论我国对全球性资源布局的战略》，载《复旦学报（社会科学版）》2009年第3期。

26. 李兴：《论经互会的问题与苏东关系》，载《世界历史》1997年第6期。

27. 李秀石：《日欧美与国际金融体系改革》，载《现代国际关系》2000年第12期。

28. 李雅君：《苏联解体的文化价值因素探析》，载《俄罗斯文艺》2011年第4期。

29. 刘宝荣：《苏联东欧国家逐步调整各自经贸发展战略》，载《苏联东欧问题》1988年第5期。

30. 刘方敏、张民军：《解读经济"铁幕"——评〈美国的冷战战略与巴黎统筹委员会、中国委员会（1949—1994）〉》，载《美国研究》2002年第1期。

31. 刘刚：《亚洲金融危机十周年》，载《世界经济与政治论坛》2007年第5期。

32. 刘刚：《亚洲金融危机十周年》，载《世界经济与政治论坛》2007年第5期。

33. 刘宏松：《新兴大国对G20议程的影响——兼论中国在议程塑造中的外交作为》，载《国际展望》2014年第2期。

34. 刘强、董庆安：《权力结构变迁下的东北亚政治经济生态——国际政治经济学中的结构性权力视角》，载《国际观察》2011年第5期。

35. 刘巍中、施军：《从结构现实主义看国际金融体系》，载《世界经济与政治》1998年第10期。

36. 刘轶、江时学：《国际上对金砖国家合作的评论》，载《亚太经济》2017 年第 3 期。

38. 卢传敏：《东欧剧变与经互会的命运》，载《世界经济与政治》1990 年第 6 期，第 11 页。

38. 陆红军：《共同体金融：人类命运利益纽带》，载《国际金融报》2017 年 04 月 17 日。

39. 陆前进：《贸易结算货币的新选择：稳定的货币篮子——对"金砖五国"货币合作的探讨》，载《财经研究》2012 年。

40. 牛笑风：《冷战时期美苏经济关系的演进》，载《宁波大学学报（人文科学版）》2001 年第 14 卷第 4 期。

41. 欧阳永、郭红霞：《国际金融体系中的权力、困境及其治理》，载《长江论坛》2007 年第 2 期。

42. 彭训厚、徐新民：《第二次世界大战的影响及其启示》，载《军事历史》2001 年第 5 期。

43. 曲凤杰：《加快金融开放 推进国际金融体系改革》，载《国际贸易》2012 年第 2 期。

44. 萨奇：《国际金融体系的定义》，载《经济研究参考》1999 年第 65 期。

45. 沈本秋：《美国的金融权力评估》，载《世界经济与政治论坛》2011 年第 6 期。

46. 沈文辉：《中国在当今国际金融体系改革中的角色与策略》，载《求索》2010 年第 7 期，第 14 页。

47. 石建勋：《国际金融体系改革与中国的战略选择》，载《中国金融》2009 年第 8 期。

48. 宋伟：《国家认同与共同观念：对社会建构主义核心概念的反思》，载《国际政治科学》2008 年第 4 期。

49. 苏琳、罗洋、何利辉：《"中国的金融权力与国际政治影响力"：影响与制约因素》，载《经济研究参考》2011 年第 20 期。

50. 苏长和：《互联互通：理解国际关系的新概念》，载《中国社会科学报》2015年12月8日版。

51. 孙溯源：《集团认同与国际政治———一种文化视角》，载《现代国际关系》2003年第1期。

52. 陶昌盛：《次贷危机下的国际金融体系改革及中国的角色》，载《经济与管理研究》2009年第4期。

53. 陶继侃：《战后美国经济增长速度及其前景估计》，载《世界经济》1979年第5期。

54. 王辉耀：《中国成为全球化的重要推动者》，载《南方周末》2017年10月12日电。

55. 王金强：《后美国时代的权力结构变迁与国际制度改革》，载《当代亚太》2010年第3期。

56. 王磊：《"金砖+"要为金砖加什么》，载《光明日报》2017年9月2日版。

57. 王磊：《金砖国家合作与全球治理体系变革：路径及其实践》，载《广东社会科学》2017年第6期。

58. 王元龙：《国际金融体系的改革与发展趋势》，载《广东金融学院学报》2010年第1期。

59. 王展鹏：《全球治理视野下欧盟规范力量探析——以欧盟国际货币基金组织代表权改革为例》，载《欧洲研究》2011年第1期。

60. 王毅：《全球化背景下的多极化进程——试论政治多极化与经济全球化的相互联系》，《国际问题研究》2000年第6期。

61. 尉迟文博：《"经互会"成员国经济合作方式研究》，载《赤子》2014年11月刊。

62. 谢世清：《国际货币基金组织份额与投票权改革》，载《国际经济评论》2011年。

63. 谢世清：《世界银行投票权改革评析》，载《宏观经济研究》2010 年第 8 期。

64. 徐明棋：《国际金融体系改革：新问题与新的突破口》，载《世界经济研究》2011 年第 11 期。

65. 周宇：《试论国际金融体系改革》，载《世界经济研究》2009 年第 5 期。

66. 徐明棋：《论国际金融体系的改革与展望》，载《国际金融研究》2001 年第 2 期。

67. 张明之：《从"中国威胁论"到"中国责任论"：西方冷战思维定式下的中国发展安全》，载《国际经济与政治论坛》2012 年第 3 期。

68. 许利平：《"一带一路"为南南合作增添新动力》，《解放军报》2017 年 4 月 23 日第 4 版。

69. 杨光海：《论国际制度在国际政治中的地位和作用——与权力政治之比较》，载《世界经济与政治》2006 年第 2 期。

70. 杨和平：《第二次世界大战与战后和平》，载《西华师范大学学报（哲学社会科学版）》2006 年第 5 期。

71. 尹承德：《新兴大国的崛起与国际秩序的重构》，载《南京政治学院学报》2009 年第 1 期。

72. 张明：《论次贷危机对国际金融体系、国际格局和中国经济的影响》，载《国际经济评论》2008 年第 2 期。

73. 赵杨、刘延平、谭洁：《组织变革中的组织惯性问题研究》，载《管理现代化》2009 年第 1 期。

74. 周聿峨、刘建林：《非传统权力的扩张：软权力与结构性权力——约瑟夫·奈与斯特兰奇权力观的比较》，载《云南民族大学学报（哲学社会科学版）》2005 年第 6 期。

75. 朱立群、聂文娟：《从结构－施动者角度看实践施动》，载《世界经济与政治》2013 年第 2 期。

76. 宗伟、王金强：《权力结构变迁下的 IMF 改革——基于制度改革的分析路径》，载《亚太经济》2012 年第 1 期。

77. 邹三明：《国际货币体系与美国霸权》，载《世界经济与政治》2000 年第 3 期。

二、外文部分

（一）外文著作

1. A. G. Kenwood and A. L. Lougheed, The Growth of the International Economy, 1820 – 1990, London: Routledge, 1992.

2. Albert Hirschman, National Power and the Structure of Foreign Trade, Berkeley: University of California Press, 1945.

3. Michael Bordo and Forrest Capie, Monetary Regimes in Transition, Cambridge: Cambridge University Press, 1994.

4. David Vines & Christopher L. Gilber, The IMF and its Critics: Reform of Global Financial Architecture, Cambridge: Cambridge University Press, 2004.

5. Emily S. Rosenberg. Foundations of United States International Financial Power: Gold Standard Diplomacy, 1900 – 1905. Business History Review, 59, 1985.

6. Geoffrey R. D. Underhill & Zhang, Xiaoke. International Financial Governance under Stress: Global Structures versus National Imperatives, Cambridge: Cambridge University Press, 2007.

7. George T. Crane, Abla Amawi, The Theoretical Evolution of International Political Economy: A Reader, Oxford: Oxford University Press.

8. GLEN O H ara. The Limits of US Power: Transatlantic Financial Diplomacy under the Johnson and Wilson Administrations, October 1964 – November 1968. Contemporary European History, 12, 2003.

9. Hanman. M. & Freeman F., Structural Inertia and Organ-

izational Change, American Sociological Review, NO. 2, 1984.

10. Henry R. Nau and Richard C. Leono, At Home Abroad: Identity and Power in American Foreign Policy, Newyork: Cornell University Press, 2002.

11. Jeff Madura, Financial Institutions and Markets, Georgetown: South Western College Publishing, 2005.

12. Robert J. Art and Robert Jervis, International Politics: Enduring Concepts and Contemporary Issues, New York: Harper Collins College Publishers, 1996.

13. L. Yeager, International Monetary Relations: Theory, History and Policy, New York: Harper and Row, 1976.

14. Martin Wight, Power Politics, London: Leicester University Press, 1978.

15. Richard M. Cyert and James G. March, Behavioral Theory of the Firm. New Jersey: Wiley – Blackwell, 1992.

16. Robert J. Lieber, No Common Power: Understanding International Relations, NewYork: Harper Collins Publishers, 1991.

17. Emmanuel Adler and Michael Barnett, eds. , Security Communities, Cambridge: Cambridge University Press, 1998.

18. Schmitt, Carl, The Concept of the Political, trans. , George Schwab, Chicago: University of Chicago Press, 1996.

19. Sterling – Folker, Jennifer, Theories of International Cooperation and the Primacy of Anarchy: Explaining U. S. International Monetary Policy – Making After Bretton Woods. Albany, NY: SUNY Series in Global Politics, 2002.

20. Steve Smith, Ken Booth and Marysia Zalewski, eds. , International Theory: Positivism and Beyond, Cambridge: Cambridge University Press, 1996.

（二）外文期刊

1. Alexander Wendt, The Agent – Structure Problem in International Relations Theory, International Organization, Vo. l41, No. 3, 1987.

2. Alexander Wendt, Patrick T. Jackson and Daniel Nexon, Realism and Constructivism: From Debate to Dialogue, Conference on Realist and Constructivist International Relations Theory at the Mershon Center for International Security Studies, April 30, 2005.

3. Andreas Gofas, Structure, Agency and Inter – subjectivity: Recap turing the EMU Policy Process in a Constructivist Realist Framework, Paper prepared for the 2nd Workshop of the European Political – Economy Infrastructure Consortium, May 2002.

4. Brent J. Steele, Liberal – Idealism: A Constructivist Critique, International Studies Review, Vol. 9, No. 1, 2007.

5. Brent Steele, The Reflexive Realists, Paper presented at the British International Studies Association annual meeting Cork, Ireland, December 2006.

6. Brent Steele, Eavesdropping on honored ghosts´: from classical to reflexive realism, in Journal of International Relations and Development, Vol. 10, No. 3, September 2007.

7. C. M. Meissner, A New World Order: Explaining the Emergence of the Classical Gold Standard, NBER Working Paper Series, No. 9233, 2002.

8. Daniel W. Drezner, Bad Debts: Assessing China's Financial Influence in Great Power Politics. International Security, Vol. 34, No. 2 (Fall 2009).

9. J. Samuel Barkin, Realist Constructivism, International Studies Review, Vol. 5, No. 3, 2003.

10. Jennifer Serling – Folker, Realist – Constructivism and Morality, in Bridging the Gap: Toward A Realist – Constructivist Dialogue, International Studies Review, No. 6, 2004.

11. Kari Mottola, The European Union as a Critic of the International Order: The Power of a Normative Power, Paper submitted on International Studies Association (ISA) Annual Convention, Chicago, February 28, 2007.

12. Kissinger, Henry A, At Pacem in Terris conference, News Release. Brueau of Public Affairs: Department of State, October 10, 1973.

13. Martijn Kongings, The construction of US financial power. Review of International Studies, 35, pp. 69 – 94, 2009.

14. Michael Dooley, David Folkerts – Landau and Peter Garber, An Essay on the Revived Bretton Woods System, NBER Working Paper No. 9971, 2003.

15. Michael Winnerstig, Shared Values or Power Politics? Transatlantic Security Relations 1981 – 1994, Research Report No. 26, Stockholm: Swedish Institute for International Affairs, 1996.

16. Min – HuaHuang, ConstructiveRealism: An Integrated IR Theory of Idea, Strategy, and Structure, paper prepared forpresentation at the AnnualConference of the Midwest Political Science Association, Chicago, April3 – 6, 2003.

17. Patrick T. Jackson and Daniel Nexon, Paradigmatic Faults: Why the Divisions in International Relations Aren't All They're Cracked up to Be, Paper presented at the Annual Meeting of the International Studies Association, Montreal, March 17.

18. Patrick Thaddeus Jackson and Daniel H. Nexon, Real-

ist Constructivism, Constructivist Realism?, American Political Science Association Annual Meeting, Boston, September 1998.

19. Patrick Thaddeus Jackson, Daniel H. Nexon, Constructivist Realism or Realist-Constructivism?, International Studies Review, Vol. 6, No. 2, 2004.

20. Rodney Bruce Hall, Moral Authority as a Power Resource, International Organization, Vol. 51, 1997.

21. Stanley Fischer, Financial Crises and Reform of the International Financial System, Review of World Economics/Weltwirtschaftliches Archiv, Vol. 139, No. 1, 2003.

22. Wildavsky, Aaron, Choosing Preferences by Constructing Institutions: A Cultural Theory of Preference Formation, The American Political Science Review, Vol. 81, No. 1, 1987.

23. Willian Bain, Deconfusing Morgenthau: Moral Inquiry and Classical Realism Reconsidered, Review of International Studies, Vol. 26, 2000.

三、网站资源

1. 中国外交部 http://www.fmprc.gov.cn/
2. 人民网 http://www.people.com.cn/
3. 新华网 http://www.xinhuanet.com/
4. 中国经济网 http://www.ce.cn/
5. 中国社会科学报 http://sscp.cssn.cn/
6. 国家统计局 http://www.stats.gov.cn/
7. 央广网 http://www.cnr.cn/
8. 中国新闻网 http://www.chinanews.com/
9. 马克思主义研究网 http://myy.cass.cn/
10. All Academic http://www.allacademic.com/

11. IMF eLIBRARYhttp：//www.elibrary.imf.org/
12. THE OHIO STATE UNIVERSITYhttp：//www.osu.edu/

后　　记

　　本书是我博士论文的修缮版本。都说写书不是一件容易的事，之前的规划亦非如此仓促地出版自己的专著。然而世事难料，终究因为各种原因大幅度提前。所幸这两年一直有跟进相关研究工作，因此重启的过程也较预期顺利。再回首，修缮的过程依然是一次研究思路的回顾、洗礼和升华的过程，其中酸苦，如人饮水，冷暖自知，却不足向外人道也。

　　我一直相信经济的力量，认为在总体和平的年代，经济外交是最为保险且有效的国家崛起路径，经济也是左右国际政治走向的的关键因素，而中国参与全球经济治理所涉及的种种就是较为理想的崛起之路。也亏得导师刘长敏教授能够纵容我的折腾，最终允许我做国际金融体系改革的研究工作。诚然，当初对相关研究设计的理论积淀不深，对金融权力和认同的认识亦停留在表层。但既然已经决定要做，也就只有花更多的时间去扫清拦路虎。这其中有许多故事，也有很多糗事，但终究还是挺过来了。

　　本书的初稿完成于2015年初，是典型的历史局限下的产物。成稿时的金砖国家机制虽风头正劲但尚不成熟，亚投行怀抱希望却也处于襁褓之中，"一带一路"建设的国际影响力远不及国内的呼声强烈。我在初稿中提出的亚投行的发展潜力虽为后来所验证，但金砖国家改革国际金融体系的成效却未及预期，初稿中所提出的"金砖金融体系"至今也未形成，后来出现的"金砖+"模式现在看来也无法胜任改革大业，真可谓眼光受历史所限。其中原因，虽然有改革总体环境不佳，特别是发达国家强烈反对的因素，但更多的是金砖国家整体力量的有限所致。好在过去几年来，新兴经济体的改革努力并未中断，中国的国际化和全球化的步伐一日千里，亚投行的发展远超预期，结合"一带一路"的建设硕果基本填补了我初稿中"金砖金融体系"空缺的遗憾。今天的我们深知，中国的崛起和富强离不开世界，世界的繁荣与和谐更需要中国的参与。"一带一路"作为21世纪最宏大的国际合作项目，已经成为中国全面融入世界、融入国际体系的主路径。因此，中国必然需要将"一带一路"从区域合作平台上升到国际合作范本的高度，本书所提之建议虽仅为中国众多选项中的一个，却已使我有底气将之出版。于我，是国家的富强和"一带一路"的巨大成就拯救了本书。

回顾初稿和终稿，虽是本人执笔，却少不了师长、亲友和同事的支持与帮助，最终促使本书较原计划提前一年多出版。

感谢我的恩师刘长敏教授，读博的三年，是我价值观与人生观升华的三年。恩师身正为范，从学术、生活和工作上给予我莫大的帮助与关怀。学术上，从理论基础、期刊发表、论文选题到论文撰写等各个环节，无不闪耀着恩师的心血与汗水。恩师深厚的理论功底、国际化的理论视野、严谨自律的治学风格，以及包容、豁达、淡定、细致的人生态度，经由恩师的言传身教不仅影响我看待问题的角度和处理问题的方式，而且帮助我更好地规划我的人生与治学之路，更加让我明白待人接物和为人处世之道，潜移默化地影响了我的人生观与价值观。恩师之义，虽谈不上洗精伐髓，却也近似再造之恩。在此，再次向恩师及其家人表达我的感激之情，一日为师，终生为师。

感谢学院的各位老师，没有你们，我的求学之路也不可

后　记

能如此顺利。感谢政管学院2012级博士班的17位同窗好友，与你们之间的同窗之谊，我非常荣幸，也非常愉悦。其中，尤其要感谢杨昊、闫兴、郑旭涛、钟桂荔、马学军等人，与你们探讨学术、探讨人生、探讨社会的时光历历在目，与你们度过的三年是我博士生涯的巨大财富。同时，我还要感谢我的诸位同门，每年的师门聚会、时不时的交流学习，让我这个江南学子亦能感受到第二故乡的温暖。当然，还有法大的众多老乡，能在他乡听到乡音，品尝家乡小吃，时常愉快玩耍，实乃解救我于读博重压下的良药。

　　感谢我的领导和同事，多谢你们的支持，才能让我有时间和精力专注于我书稿的修缮工作。感谢浙江省社科规划办对本书的资助，感谢时事出版社苏绣芳副社长及其同仁们为本书出版所付出的辛勤劳动。

　　最后，感谢我的家人多年来对我求学之路的理解与支持。尤其是我的父母，虽然他们文化程度不高，亦不能明白学业于我之意义，但却从未质疑我的决定，以他们的包容与关爱，无怨无悔地陪伴我走过了20多年的求学路。仅以此书献给你们，我亲爱的家人。

李鞍钢

2017年11月于杭城

图书在版编目（CIP）数据

国际金融体系改革与"一带一路"/李鞍钢著．—北京：时事出版社，2018.5
ISBN 978-7-5195-0186-0

Ⅰ．①国… Ⅱ．①李… Ⅲ．①国际金融—经济体制改革—研究 Ⅳ．①F831

中国版本图书馆 CIP 数据核字（2018）第 053037 号

出 版 发 行：时事出版社
地　　　址：北京市海淀区万寿寺甲 2 号
邮　　　编：100081
发 行 热 线：（010）88547590　88547591
读者服务部：（010）88547595
传　　　真：（010）88547592
电 子 邮 箱：shishichubanshe@ sina. com
网　　　址：www. shishishe. com
印　　　刷：北京朝阳印刷厂有限责任公司

开本：787×1092　1/16　印张：14　字数：165 千字
2018 年 5 月第 1 版　2018 年 5 月第 1 次印刷
定价：68.00 元

（如有印装质量问题，请与本社发行部联系调换）